QUE SAIS-JE ?

Histoire de l'Allemagne

JACQUES DROZ
Professeur émérite à l'Université de Paris I

Dixième édition

83e mille

OUVRAGES DU MÊME AUTEUR

Le Libéralisme rhénan (Sorlot, 1940).

La Pensée politique et morale des cisrhénans (Sorlot, 1940).

Histoire de l'Autriche (P. U. F., « Que sais-je ? », n° 222, 4e éd. 1969).

L'Allemagne et la Révolution française (P. U. F., 1949).

Histoire diplomatique de 1648 à 1919 (Dalloz, 1959, 3e éd. 1972).

Les Révolutions allemandes de 1848 (Publications de la Faculté des Lettres de l'Université de Clermont, P. U. F., 1957).

L'Europe centrale. Evolution de l'idée de Mitteleuropa (Payot, 1960).

Histoire des doctrines politiques en France (P. U. F., « Que sais-je ? », n° 304, 4e éd., 1963).

Le Romantisme politique en Allemagne (Colin, 1963).

Le Romantisme allemand et l'Etat. Résistance et collaboration dans l'Allemagne napoléonienne (Payot, 1966).

Le Socialisme démocratique (Colin, 1966).

Histoire des doctrines politiques en Allemagne (P. U. F., « Que sais-je ? », n° 1301, 1968).

Histoire générale du socialisme (sous la direction de Jacques Droz), Paris, P. U. F., t. I : *Des origines à 1875*, 1972, t. II : *De 1875 à 1918*, 1974, t. III : *De 1918 à 1945*, t. IV : *De 1945 à nos jours*, 1978.

L'Allemagne, 3 vol. parus (en collaboration avec J. Bariety et P. Guillen) (Hatier, 1970-1973).

Histoire de l'antifascisme en Europe, 1923-1939 (La Découverte, 1985).

ISBN 2 13 041860 0

Dépôt légal — 1re édition : 1945
10e édition : 1988, juillet

INTRODUCTION

« LES ALLEMAGNES »
du Moyen âge à la fin du XVIIIe siècle

Comment l'Allemagne, ce pays divisé, incapable pendant tant de siècles de réaliser son unité, abandonné à un particularisme invétéré, a pu devenir au cours du XIXe siècle cette puissante nation qui a cherché à deux reprises à soumettre l'univers à son rêve d'hégémonie mondiale : tel est le problème sur lequel ce petit livre cherche à répandre quelque lumière.

L'Etat allemand n'était pas à la fin du Moyen âge une monarchie comparable à celle de la France, de l'Angleterre ou de l'Espagne. Se posant en héritiers de Charlemagne et des Césars, prétendant à une sorte de suzeraineté effective ou morale sur les Etats voisins, les Empereurs sont descendus régulièrement en Italie pour y affirmer leurs droits sur Rome, ancienne capitale de l'Empire ; ils ont usé leurs forces dans la réalisation de cette pensée archaïque, et négligé la tâche la plus urgente : celle de s'assurer une situation forte à l'intérieur de leur propre pays et de briser les dominations particulières. Bien plus, ils se sont mis ainsi dans la dépendance de leurs grands vassaux, dont ils avaient besoin pour leurs expéditions romaines, et se sont enveloppés dans des contradictions insolubles. L'Allemagne était donc demeurée un Etat féodal et l'Empereur n'avait qu'un vain titre : l'électivité de la couronne d'une part, l'existence d'une Diète d'Empire de l'autre, rendaient son autorité illusoire. Les Habsbourg d'Autriche, dans la famille desquels la dignité impériale se maintenait depuis 1438, avaient bien tenté de resserrer leur domination sur le corps germanique : ils n'avaient pu, en fait, venir à bout du particularisme allemand, qui se traduisait par une véritable anarchie. Sans doute le Saint-Empire romain germanique, qui s'était étendu de l'Oder à la Meuse, de la Baltique à la Méditerranée, est demeuré dans l'esprit allemand à l'état de permanente hantise, de chimère endormie, comme cet empereur Frédéric Barberousse qui l'avait porté au plus haut éclat ; le Reich incarnera longtemps le rêve dont se berceront les générations insatisfaites, ainsi que l'idéal qu'elles entrevoient pour l'avenir : et ceci sera fort important pour la formation de la conscience nationale allemande. En fait, à l'aurore des temps modernes, l'Empire a perdu toute autorité effective.

Dans ce chaos impérial, l'on peut distinguer, au bas Moyen âge, deux traits essentiels : d'une part l'importance des villes libres qui se groupent en ligues puissantes, telle cette ligue hanséatique dont les quatre-vingts cités, sous la direction de Lübeck, avaient fondé, à l'abri de leur flotte, de multiples comptoirs ; d'autre part la croissance de quelques grandes familles seigneuriales, dont certaines ont créé de véritables Etats : les Wittelsbach en Bavière, les Hohenzollern dans le Margraviat de Brandebourg, les Habsbourg en Autriche. Cependant, au cours du XVe siècle, les princes s'attaquent systématiquement aux villes, et finissent par les absorber dans leurs territoires respectifs, si bien que la grande bourgeoisie allemande, pendant longtemps si indépendante et si fière, s'affaisse peu à peu. C'est un fait que, dès la fin du Moyen âge, le territoire apparaît comme l'unique cellule d'ordre. Cellule encore bien imparfaite, où le prince règne à grand-peine sur des terres enchevêtrées, morcelées, mais où font, malgré tout, leur apparition les institutions centralisatrices des monarchies modernes. Cellule à laquelle la Réforme luthérienne va donner une consistance nouvelle en faisant de son souverain le maître absolu des corps et des âmes.

N'est-il pas en effet de meilleure explication à toute l'histoire allemande que l'attitude du moine Luther qui, après avoir proclamé la liberté entière du chrétien d'entrer en rapport avec Dieu, asservit ensuite les populations allemandes, dans le cadre limité des Etats territoriaux, à un joug autoritaire ? Qui aura compris cette antinomie, étrange en apparence, sera parvenu à démêler le secret de la collectivité allemande.

Logiquement Luther, après avoir aboli la hiérarchie romaine, aurait dû aboutir à une organisation démocratique et libre de la communauté religieuse. Or c'est exactement le contraire qui s'est produit. Et c'est bien à tort que l'on voit dans la Réforme luthérienne une doctrine favorable à l'esprit libéral. Effrayé par le déchaînement des passions que sa prédication a soulevées, par l'insurrection des paysans anabaptistes qui se réclament de la Bible pour secouer les servitudes féodales et instaurer un communisme théocratique, Luther affirme que la révolte contre l'autorité établie est une révolte contre Dieu lui-même, car toute autorité émane de Dieu et Dieu l'a instituée pour procurer aux hommes la paix matérielle dont ils ont besoin. Ce qui fait, selon lui, le caractère divin du souverain, c'est qu'il détient le glaive, — le glaive que Dieu a mis entre ses mains pour châtier la discorde, la révolte et l'anarchie. Il reconnaît, dans la seconde partie de sa vie, que l'autorité séculière, voulue par Dieu, est une « organisation contre le mal », rendue nécessaire par l'existence même du péché originel.

L'on a donc pu prétendre, non sans raison, que l'enseignement de Luther portait en lui la passivité allemande, ainsi que la soumission illimitée à l'autorité étatique. Il n'est pas douteux en effet que l'une des conséquences du luthérianisme a été de développer une sorte de césaropapisme, qui fait à la masse des sujets *(Unterthanen)* un devoir d'obéissance à l'égard d'une autorité instituée par Dieu. Deux remarques s'imposent pourtant : la doctrine de l'obéissance au pouvoir établi se trouve aussi bien chez Zwingle et chez Calvin que chez Luther ; et si l'Allemagne n'a pas lié comme les Etats occidentaux la Réforme à l'esprit de révolte, ce sont les circonstances historiques qu'il faut incriminer : alors qu'en Angleterre et en Hollande la Réforme devait faire appel, pour triompher, à l'esprit de résistance de la nation contre la pratique de la monarchie absolue, elle était prise en charge en Allemagne par les souverains territoriaux eux-mêmes.

Quelle sera donc la nature de cette Allemagne issue de la Réforme ?

D'une part elle sera particulariste. Les princes tiennent à défendre contre l'autorité impériale leur pouvoir consolidé, ainsi que les immenses sécularisations de terres ecclésiastiques qu'ils ont été amenés à faire. La paix d'Augsbourg en 1555 consacre, avec la défaite impériale, le triomphe du territorialisme princier. La volonté de l'Empereur a cessé de faire la loi dans « les Allemagnes ». Seuls les souverains jouissent de cette liberté de conscience que Luther avait originairement promise aux Allemands ; ce sont eux qui fixent, selon la formule *Cujus regio, ejus religio*, la religion de leurs sujets ; ce sont eux qui gardent, en toute propriété, l'administration de l'Eglise. Il n'en reste pas moins que la division officielle de l'Allemagne en deux partis confessionnels va faire d'elle bientôt le champ de bataille des puissances européennes. La guerre de Trente Ans pourra marquer, au XVIIe siècle, un retour offensif de la dynastie des Habsbourg contre le particularisme ; les traités de Westphalie, qui la terminent (1648), signifient, sous la garantie de la France et de la Suède, le morcellement irrémédiable de l'Allemagne. Dès lors l'Empereur, chassé pratiquement d'Allemagne, s'absorbera entièrement à la tâche que comporte pour lui la défense de ses Etats contre le Turc infidèle. Mais, en Allemagne même, le particularisme est accepté comme un dogme : la constitution du Saint-Empire, garante des « libertés germaniques » n'est point autre chose qu'une République de Monarchies plus ou moins étendues, dont les souverains règlent librement leur politique territoriale et leurs affaires étrangères.

D'autre part, à l'intérieur de chaque Etat, l'Allemagne connaîtra ce patriarcalisme absolutiste qui s'oppose entièrement à l'éducation politique de la nation allemande. En effet c'est sur la ruine des aristocraties et des patriciats que s'est développé l'Etat territorial. Nulle part ne s'est reconstituée, après les guerres de religions, cette bourgeoisie allemande qui avait brillé, à la fin du Moyen âge, d'un si vif éclat. Sans doute l'organisation administrative a-t-elle été poussée par ces petits potentats au plus haut point de la perfection ; sans doute ont-ils constitué une administration et une armée solides, grâce auxquelles ils maintiennent leurs peuples en tutelle. Parfois même, grâce à la réglementation et à la protection, ont-ils développé sur une base mercantiliste quelque activité économique. Mais l'intelligence allemande n'a pas trouvé sa place dans un pareil système : tant de contraintes n'ont pu satisfaire les aspirations d'une élite qui, développant les germes semés par Luther, éprise de piété fervente et de haute intellectualité, a su créer cette culture humaniste dont s'enorgueillit l'Allemagne du XVIIIe siècle. Mais cette culture s'est développée en dehors de l'Etat territorial, où elle n'avait que faire. Et c'est pourquoi s'est accomplie cette disjonction de la culture et de la politique, qui est la clef de toute l'histoire de l'Allemagne moderne. Les esprits supérieurs se montrent indifférents à l'égard de la politique nationale, dont ils abandonnent entièrement la direction aux organismes compétents ; quant à eux, ils réfléchissent à des problèmes d'ordre universel et cosmopolite.

Parmi ces Etats territoriaux, il en est un qui se détache au cours du XVIIe siècle par son organisation et sa puissance : c'est la Prusse. L'ancien Electorat de Brandebourg s'était constitué au Moyen âge en tant que marche destinée à contenir les invasions slaves. Ses princes, les Hohenzollern, avaient acquis au début du XVIIe siècle, outre le duché rhénan de

Clèves, l'important duché de Prusse qui avait été lui-même créé par les moines-soldats de l'Ordre teutonique et sécularisé à l'époque de la Réforme. C'étaient là des terres pauvres en général, séparées les unes des autres, sans traditions communes, et que seul un pouvoir énergique pourra unifier et mettre en valeur. Mais les Hohenzollern étaient des princes âpres au gain et querelleurs, remarquablement lucides sur leurs intérêts ; d'autre part, depuis la *Dispositio Achillea* (1473), il était convenu qu'à chaque vacance du trône les domaines électoraux devaient passer dans leur totalité au nouveau souverain, ce qui évitait au Brandebourg les démembrements si funestes à tant d'Etats allemands.

La formation de la puissance prussienne a été l'œuvre de Frédéric-Guillaume Ier (1640-1688), le Grand Electeur, le prototype de ces Hohenzollern impérieux et positifs à qui la Prusse doit son essor. Non seulement il assura la centralisation administrative par la mise au pas des Assemblées provinciales, organisa une première armée permanente et accéléra la mise en valeur du pays par un vaste programme d'équipement économique et par l'appel de main-d'œuvre étrangère — ce sont les protestants français qui, persécutés par Louis XIV et attirés par l'*Edit de Potsdam* (1684) sont à l'origine de la fortune de Berlin en tant que capitale moderne et foyer industriel — ; mais encore il consolida ses positions européennes en se faisant respecter de ses puissants voisins, la Suède et la Pologne, dont il cessa de reconnaître la suzeraineté sur le duché de Prusse. L'acquisition par son fils FRÉDÉRIC Ier (1688-1713) de la couronne royale de Prusse (1700) atteste la place prise par le grand Etat allemand de l'Est dans le concert européen.

Ce fut l'œuvre de Frédéric-Guillaume Ier (1713-1740), le second roi de Prusse, de constituer les éléments qui allaient permettre à celle-ci de rechercher l'hégémonie en Allemagne : l'armée dont les effectifs furent portés à quatre-vingt-trois mille hommes, chiffre exceptionnel pour l'époque, et qui reçut, par la création de l'Académie des Cadets, un corps d'officiers hors ligne ; la bureaucratie, laborieuse, disciplinée et soumise, sous le Directoire général et suprême des finances, de la guerre et des domaines, à une obéissance passive. Par des méthodes draconiennes à l'égard de lui-même et des autres, ce despote emporté, mais admirablement conscient de ses devoirs à l'égard de son peuple, sut établir l'autorité royale comme « un rocher de bronze ». De ces legs si précieux, Frédéric II (1740-1786) allait user avec un machiavélisme consommé, afin d'assurer à son pays le rôle de puissance hégémonique en Allemagne. Non qu'il fut un partisan de la guerre, qui n'était à ses yeux qu'un instrument de la politique : il n'a jamais mené que des « guerres de cabinet », avec des moyens et des fins limités, sans passion et sans haine, contrôlant sa volonté de puissance par l'exercice de sa raison. Mais, à coup sûr aussi, le plus remarquable des « Realpolitiker ». Ce « petit-maître » tout imprégné de culture française, cette « tête à gifles », comme disait son père, qui osait préférer la musique et la philosophie à la bière et au tabac, s'avéra, après des années de révolte intérieure contre le régime paternel, comme le plus méthodique et le plus consciencieux des Hohenzollern. L'ami de Voltaire, le délicat constructeur de « Sans-Souci », s'attela au gouvernement de ses Etats avec une passion et une maîtrise qui lui valurent l'admiration enthousiaste de l'Europe et, de la part des Allemands, le surnom de« l'Unique». Au prix des deux guerres, où il eut l'Europe coalisée contre lui, il réussit à conserver la conquête de la Silésie sur l'Autriche ; il participa par ailleurs au premier partage de la Pologne, ce qui lui permit, en acquérant la Prusse occidentale, de réunir en un bloc compact ses provinces de l'Est. Sur le plan intérieur, il poursuivit cette œuvre admirable de colonisation qui avait été celle de ses ancêtres, tout en portant à un degré inconnu encore à l'Europe le rôle de l'Etat dans l'enseignement et la législation. Il pouvait, au moment de disparaître, se vanter d'avoir accompli un effort grandiose ; il avait incontestablement jeté les bases sur lesquelles devait s'édifier au XIXe siècle l'unité allemande.

Et c'est pourquoi il importe de bien connaître la nature de l'Etat prussien, tel qu'il est sorti des mains du Grand Frédéric. A la conception luthérienne de la Monarchie de droit divin, il substitue une doctrine laïque de l'autorité royale : le prince n'est, selon lui, que le premier serviteur de l'autorité royale, et il ne tient son pouvoir que du consentement perpétuel de ses sujets, à l'intérêt desquels il doit entièrement soumettre le sien. Frédéric II estime en effet que la volonté arbitraire du prince doit céder devant la souveraineté de la loi, qui s'inspire des normes éternelles de la raison. Mais cette laïcisation de la pensée politique allemande ne signifie point que Frédéric II renonce à la monarchie absolue ; il a toujours été convaincu qu'il était seul appelé à faire le bonheur de ses peuples et que la monarchie était la meilleure forme de gouvernement, parce qu'elle ne laissait aucune place à la divergence des intérêts. Despote éclairé, il ne juge point nécessaire de faire appel à l'esprit d'entreprise individuelle ni à la collaboration de la nation. C'est sur son armée sur sa bureaucratie qu'il compte entièrement pour assurer la puissance et la prospérité matérielle de ses peuples. Pour ce qui est des classes sociales, elles demeurent divisées en « états » *(Stände)*, qui ont des fonctions déterminées et entre lesquels les cloisonnements sont infranchissables. A la noblesse revenait l'honneur de commander les armées en temps de guerre et de faciliter au Roi la gestion de son patrimoine en temps de paix ; en récompense de ses services, le Roi lui avait abandonné les droits de propriété sur les terres paysannes, ainsi que les droits locaux de justice et de police. La bourgeoisie n'a d'autre fonction que la production artisanale, et ceci dans les limites du territoire urbain. Quant aux paysans, ils étaient réduits pour la plupart à l'état de servage, soit de la couronne, soit de la noblesse ; attachés à la glèbe, soumis à la domesticité obligatoire, ils servent à la caserne sous les mêmes officiers qu'ils doivent, dans leurs villages, respecter comme « seigneurs ». C'est ainsi qu'encadré dans une armature sociale solide et précise, l'individu ne connaîtra que sa fonction, son service et qu'il remplira avec une méticuleuse honnêteté. Dans cette Prusse, où ne s'est pas encore formée une classe moyenne consciente de ses responsabilités, c'est sur l'alliance de la royauté et de la classe dirigeante — la noblesse — que repose le centre de gravité dans l'Etat.

Mais, pour le moment, si la Prusse dispose déjà de cet appareil qui lui permettra d'absorber l'Allemagne, l'idée nationale n'est pas encore formée dans les consciences allemandes. Du moins le patriotisme n'a-t-il encore qu'un caractère culturel. Et c'est contre l'imitation des littératures et des mœurs étrangères que combattent ceux qui affirment, avec Herder, l'originalité du génie germanique. L'humanisme allemand a pu mettre en relief, en cette fin du XVIIIe siècle, les traits individuels des cultures et des peuples, et insister sur leur irréductibilité foncière, ouvrant la voie à une théorie originale des nationalités. Il n'en reste pas moins que l'intelligence allemande demeure cosmopolite, et que des hommes comme Lessing et Gœthe jugent absurde la velléité de certains Allemands de former une nation ; le patriotisme est, à leurs yeux, une « héroïque faiblesse », dont rougira un être civilisé. L'Allemagne, écrira Herder, n'a-t-elle pas mieux à faire que d'acquérir puissance et richesses, comme l'ont fait les grands Etats occidentaux, par les moyens brutaux de la force et de la ruse : qu'il lui suffise d'être l'éducatrice du monde, et comme la philosophie vivante de l'univers.

Il faudra la secousse des guerres de la Révolution et de 'Empire pour susciter en Allemagne l'éveil de l'idée nationale.

Chapitre Premier

L'ALLEMAGNE NAPOLÉONIENNE ET L'ÉCHEC DE LA PREMIÈRE TENTATIVE UNITAIRE

L'intelligence allemande accueillit favorablement la Révolution française à ses débuts : Kant la salua de Königsberg comme un admirable effort pour extirper l'arbitraire du Gouvernement et fonder la souveraineté sur la loi ; de son côté le jeune Fichte applaudit aux victoires jacobines. Dans certains milieux bourgeois, comme à Hambourg. on célébra la fête du 14 juillet ; et l'on vit à Paris de nombreux Allemands se lier avec les Girondins. Quand les armées françaises se présentèrent sur le Rhin, des intellectuels leur firent bon accueil : G. Forster organisa en 1792 le vote de réunion de « l'Etat mayençais» à la France, J. Görres demanda en 1797 la création d'une République « cisrhénane », puis l'annexion de toute la rive gauche du Rhin à la France. Mais les esprits les plus libéraux eux-mêmes ne souhaitèrent pas pour l'Allemagne la conquête de la liberté et de l'égalité ; ils ne croyaient pas possible que la nation pût prendre en mains ses propres destinées : les traditions du particularisme et la rigueur des hiérarchies sociales, disaient-ils. s'y opposaient absolument. D'ailleurs les violences qui accompagnèrent la Révolution finirent par lui aliéner ceux qui étaient le mieux disposés pour elle ; et l'opinion convint, avec Schiller, que toute révolution devait être préparée par une éducation préalable des caractères, ce qui n'avait pas été le cas en France. Gœthe, qui dans *Hermann et Dorothée* avait mis en balance les espoirs et les désillusions, s'attriste des excès de la Terreur. Enfin la propagande anglaise et les idées conservatrices de Burke, introduites en Allemagne à travers l'Electorat de Hanovre — enclave britannique sur sol allemand —, vinrent contrebalancer les idées rationalistes françaises. Dans les milieux piétistes, la lutte contre la révolution est liée à la réaction contre le mouvement illuministe et s'appuie sur le réveil des préoccupations religieuses. Si bien qu'en fin de compte la Révolution, non seulement ne trouva guère d'imitation en Allemagne, mais encore ne suscita qu'un très faible mouvement de libéralisme.

A vrai dire l'Allemagne assista sans réagir profondément aux guerres dynastiques menées par les souverains d'Autriche et de Prusse contre la France révolutionnaire : guerres qui aboutirent à l'annexion par la France de la rive gauche du Rhin, reconnue par la Prusse au traité de Bâle (1795), par l'Autriche au traité de Lunéville (1801), puis à la simplification de la carte politique de l'Allemagne au profit des clients de la France, « lors de la Diète de Ratisbonne, qui multiplia les sécularisations et les médiatisations, enfin à la disparition du Saint-Empire romain germanique et à la création d'une Confédération du Rhin sous le protectorat de la France (1806). Mais, à l'époque même où s'avérait l'impuissance du corps germanique, ébranlé, puis anéanti par la secousse napoléonienne, se produisait chez les esprits supérieurs une importante révolution ; au cosmopolitisme du XVIIIe siècle succédait, assez brusquement, le rêve d'une grande existence

nationale. Cette révolution dans les esprits a été l'œuvre du Romantisme.

Par une étrange contradiction, plus l'Allemagne s'est sentie impuissante matériellement, plus elle a été tentée de se replier dans le monde de la rêverie et de s'y fixer une mission grandiose et universelle.

La crise économique et morale des dernières années du XVIIIe siècle laisse, semble-t-il, une jeunesse assez désemparée, hostile au rationalisme de l'*Aufklärung*, ouverte à une interprétation miraculeuse de la vie, bref romantique. Sans doute écœurés par la désespérante réalité, les penseurs allemands se retournent vers le Reich qu'ils regardent, telle la Grèce antique, comme une sorte de communauté mystique, d'Eglise nationale et populaire. C'est à définir ce Reich, qui est à la fois du passé et de l'avenir, que se sont employés, au sein du romantisme, des écrivains comme Novalis, les Schlegel et surtout Adam Müller. Aux théories occidentales du droit naturel, aux abstractions philosophiques du XVIIIe siècle, ils opposent le retour à l'histoire, aux traditions nationales, à l'originalité propre de chaque culture. A la froide égalité, qui ramène la société à des données purement mathématiques et mécaniques, ils opposent l'extrême diversité des classes sociales, qui doivent être hiérarchisées entre elles et rappeler, dans leur agencement réciproque, un organisme vivant. A l'esprit critique, issu des mouvements conjugués de la Réforme et de la Révolution, ils opposent l'universalisme de la foi catholique, et à l'individualisme libéral de l'âge capitaliste l'esprit discipliné des vieilles corporations. Enfin, à la doctrine française de la nationalité qui s'appuie sur un contrat librement consenti, ils opposent la nation en tant qu'être vivant, engendré par l'action incessante d'une force vitale — le *Volksgeist* — dont les coutumes, croyances, traditions et droit populaire sont les principales manifestations. Et dès lors se développe devant les Romantiques l'image idéalisée du Reich germanique, dont la reconstitution doit permettre à l'Europe de retrouver son unité perdue et de substituer à la lutte des égoïsmes nationaux cette Internationale mystique dont avait rêvé le Moyen Age. La restauration de la *Concordantia catholica* sera, à leurs yeux, la vraie révolution allemande.

C'est ainsi que l'Allemagne, plongée au fond de son impuissance, s'est forgée cette religion du Reich futur, appelé à rénover et à organiser un monde décadent. Et ses philosophes s'évertuent déjà à justifier ses prétentions. C'est Fichte qui, dans ses célèbres *Discours à la nation allemande* (1807), enseigne que le peuple allemand, parce qu'il dispose d'une langue pure, sans aucune contamination étrangère depuis ses origines, est le peuple primitif, le vrai peuple de Dieu ; et que, s'il réussit à se préserver de toute contamination extérieure — il doit même se fermer aux produits étrangers et ébaucher une communauté autarcique, un « Etat commercial fermé » —, il pourra jouer dans le monde à venir le rôle de ferment régénérateur. L'idée nationale allemande s'est constituée ainsi, non pas, comme en France, autour d'un territoire nettement défini, mais autour du concept de la mission providentielle à laquelle est destinée l'Allemagne en vertu de sa supériorité morale.

*
* *

Le passage du cosmopolitisme au nationalisme s'est produit sous la pression brutale de la domination napoléonienne. Cependant il serait faux de penser que la masse de la nation ait vibré aux pensées mystiques et réactionnaires que les Romantiques aimaient à répandre : ce n'est guère que dans de petits cénacles littéraires qu'on en trouve l'écho. Le sentiment national ne s'est avéré puissant et vraiment actif que dans certains milieux de militaires et de fonctionnaires prussiens ; ce sont eux qui, les premiers, ont cherché à réaliser l'unité politique de la nation germanique.

Quelles ont été en effet les réactions des divers Etats allemands à l'hégémonie française ?

Les Etats de l'Allemagne du Centre et du Sud, qui avaient largement profité, du point de vue territorial, de la simplification de la carte politique opérée par Napoléon, étaient gouvernés soit par des Napoléonides — comme en Westphalie, où Jérôme organisa à Cassel une cour très brillante —, soit par des princes attachés au système familial. Les uns et les autres ont subi plus ou moins l'empreinte française : le régime seigneurial y a été ébranlé, le Code civil introduit, les corporations interdites, la liberté des cultes reconnue, les privilèges des Etats supprimés. Si la séparation des pouvoirs, appliquée au problème constitutionnel, demeure théorique, la centralisation administrative et le système préfectoral furent partout introduits. Il s'ensuivit une modernisation incontestable des Etats allemands, mais les princes n'adoptèrent en fait dans les lois françaises que ce qui renforçait leur autorité. En tout cas, dans la haute bureaucratie, le régime napoléonien a eu de nombreux admirateurs, comme **Montgelas**, ministre de la Bavière, qui fut appelé en Allemagne le dernier despote éclairé, et **Reitzenstein,** ministre de Bade, qui introduisit le Code Napoléon. Si les peuples souffrent durement des exigences impériales en matière de finances, de conscription et de douane — le système continental, conçu dans l'intérêt français, fut considéré comme une gêne grandissante, bien qu'il favorisât l'industrialisation du pays —, les Gouvernements se montrèrent disposés à collaborer avec les autorités françaises. Ce n'est pas de cette partie de l'Allemagne où Napoléon s'appuie sur les particularismes locaux, qu'il faut attendre le réveil de la conscience nationale.

Est-ce de l'Autriche ? Ici, malgré les efforts, maladroits d'ailleurs, de l'empereur **Joseph II** (1780-1790) pour introduire dans ses Etats la tolérance religieuse, la tradition catholique étouffait toute vie intellectuelle, et l'obscurantisme interdisait tout espoir de réforme et de mouvement populaire. Les défaites successives n'avaient guère interrompu les plaisirs de la société viennoise. Cependant, après la destruction du Saint-Empire (1806), l'empereur **François II** songea à réorganiser sérieusement son armée, qui fut placée sous le commandement de l'archiduc Charles. Un parti de la guerre se constitua dans la capitale autrichienne, où le baron **Hormayr** organisa une propagande patriotique, et où le salon catholique de Caroline **Pichler** s'ouvrit aux ennemis de la France. Mais Vienne n'a pas été autre chose que le quartier général de l'aristocratie européenne : aucune idée pratique sur la réorganisation de l'Allemagne ne devait sortir de ces milieux, où l'on détestait Napoléon, en tant qu'héritier de la Révolution, mais où l'on redoutait d'avoir recours aux énergies nationales, de peur d'avoir ensuite à leur faire des concessions sur le plan politique.

Tout la résistance s'est concentrée en Prusse, dans cette Prusse qui, après avoir ménagé pendant dix ans la neutralité française, venait de subir la défaite en apparence la plus irrémédiable. Les successeurs du Grand Frédéric n'avaient pas su en effet maintenir la tradition prussienne : **Frédéric-Guillaume II** (1786-1797), entouré de visionnaires et de charlatans, avait inauguré une politique réactionnaire qui avait provoqué à Berlin, dévouée à la philosophie des lumières, une vive réaction ; il avait contribué ainsi à affaiblir le ressort de l'Etat. **Frédéric-Guillaume III** (1797-1840) s'était montré plus scrupuleux et plus tolérant ; mais c'était un velléitaire qui ne sut pas choisir, dans la lutte formidable qui se déroulait en Europe, un parti net et s'y tenir. Sous l'influence de sa femme, la séduisante reine **Louise** et d'une coterie de jeunes officiers convaincus de l'invincibilité de l'armée prussienne, il avait fini par se jeter, allié à l'Angleterre et à la Russie qui ne lui étaient pas secourables, dans une guerre qui ne pouvait que lui être fatale. Elle aboutit en effet, sans qu'il y ait eu le moindre sursaut de résistance nationale, à la défaite d'Iéna (1806), et l'année suivante, au démembrement de l'Etat prussien, consacré par la paix de Tilsit.

C'est de l'excès du mal que devait sortir la régénération de la Prusse. Celle-ci fut l'œuvre de la haute bureaucratie elle-même ou plutôt, en son sein, d'un petit nombre d'aristocrates et de bourgeois cultivés, dont la plupart n'étaient d'ailleurs pas Prussiens d'origine, mais qui voyaient déjà dans la Prusse le noyau d'une Allemagne unifiée. Sans chercher à rompre avec le passé, en s'inspirant des traditions du despotisme éclairé, ils ont pourtant été dominés par cette idée, éminemment révolutionnaire, qu'il était nécessaire d'associer la nation à l'administration et au gouvernement du Royaume. C'était l'absence de ressort patriotique dans la nation qui avait été cause d'un si profond désastre ; c'était l'utilisation des forces infinies sommeillant au fond du peuple qu'il fallait réveiller et faire fructifier.

L'homme qui a incarné ce remarquable redressement fut le baron von Stein qui, chevalier du Saint-Empire, n'était entré que tard au service de la Prusse. Plus admiratif d'ailleurs du self-gouvernement britannique que de l'esprit égalitaire de notre Révolution, qu'il n'aimait pas, il avait dans son fameux *Mémoire de Nassau* (1807) stigmatisé l'insuffisance de la bureaucratie prussienne et désigné l'esprit civique comme le grand ressort de la puissance des Etats. Nommé au lendemain de Tilsit ministre de l'Intérieur en Prusse, il se mit résolument à l'œuvre, assisté de fonctionnaires éminents, comme von Schön et von Schrœtter, qui, disciples de Kant et d'Adam Smith, avaient déjà à Königsberg amorcé des réformes libérales. Il se préoccupa d'abord de briser la séparation des castes, en ouvrant l'accès de la propriété foncière à toutes les classes du peuple, en autorisant les bourgeois et les paysans à acquérir des terres nobles, en émancipant les serfs et en supprimant la domesticité obligatoire des enfants dans les campagnes ; sans doute avait-il l'espoir de susciter dans la masse de la nation, avec l'indépendance économique, l'intérêt pour la chose publique ; seulement il ne réussit pas à mettre fin aux abus de la justice et de la police seigneuriale et à assurer aux paysans le moyen de conserver leurs terres : de serfs ceux-ci devinrent journaliers. Si bien qu'en dernière analyse la réforme ne modifia pas profondément la structure féodale de la Prusse et ne porta pas atteinte à l'autorité sociale de la caste dirigeante. Plus radicale fut la loi municipale de 1808, qui dota les villes d'Assembléesélues au suffrage censitaire direct et qui répondait au désir de Stein de développer, à l'échelon inférieur de la vie politique, le sens de la responsabilité chez les citoyens ; mais il ne put couronner son œuvre, comme il l'eût désiré, par la création d'un Landtag national consultatif. Il tomba donc, sur les injonctions de Napoléon (1809), sans avoir achevé son œuvre.

Celle-ci fut reprise après 1810 par le chancelier Hardenberg, dans un esprit toutefois quelque peu différent. Plus sensible que Stein à l'exemple napoléonien, désireux « d'introduire des principes démocratiques dans un Etat monarchique », il n'hésita pas à entrer en conflit avec l'aristocratie. Contre elle il chercha à deux reprises l'appui de l'opinion : en convoquant d'abord une Assemblée de notables nommée par lui, puis une Chambre élective formée par les délégués des diverses classes sociales. Mais la résistance des *Junkers* l'obligea à composer, au point qu'ils gardèrent la majeure partie de leurs droits successoraux de justice et d'exemption fiscale, et que l'émancipation projetée des paysans (1811) — c'est-à-dire la suppression des redevances et des corvées contre l'abandon d'une partie de la tenure au seigneur — resta en fait lettre morte. Hardenberg fut plus heureux dans l'abolition du monopole des corporations et l'établissement de la liberté commerciale.

En même temps que se poursuit, avec des résultats modestes, il est vrai, la transformation administrative et sociale de la Prusse, des militaires — Scharnhorst et Gneisenau — cherchent dans le même esprit que Stein à combler l'abîme qui séparait l'armée du reste de la nation. A cet effet, dans le cadre étroit que leur octroyait le traité de Tilsit — armée réduite à quarante-deux mille hommes — ils prétendirent organiser le service militaire obligatoire par l'éducation rapide des recrues, ce qui permit la création d'une vaste armée nationale de réserve. Et d'autre part ils essayèrent de refondre le corps des officiers, ouvert à toutes les capacités, recruté par voie d'examens et sélectionné par l'Ecole générale de Guerre ; ils purent d'ailleurs former un Haut-Commandement remarquable, moins encore par sa capacité technique que par l'unité d'esprit, la volonté offensive et la subordination de tous au salut commun. Cependant ici aussi la résistance de l'aristocratie en faveur de l'ancien état de choses fut très sensible, et il fallut les événements du printemps 1813 pour abattre les résistances et faire proclamer l'obligation du service armé.

Tandis que les hommes d'Etat prussiens prétendaient ainsi ressusciter dans la nation l'esprit militaire, l'Université de Berlin, organisée par Guillaume de Humboldt, était chargée de répandre dans la jeunesse allemande le patriotisme et l'orgueil national. C'est de Berlin que Fichte adressait ses *Discours à la nation allemande ;* c'est de Berlin que le pasteur Schleiermacher enseignait — forme nouvelle d'une vie vraiment religieuse — le sacrifice librement consenti de l'individu à la collectivité.

Il n'est donc pas étonnant que lorsque vinrent les défaites impériales, ce fut la Prusse qui ait fait surgir le mouvement de délivrance, que ce soit elle qui ait dirigé les *Befreiungskriege* (guerres de libération), comme disent les historiens allemands. Si en 1809, les regards s'étaient portés un instant sur l'Autriche, où l'archiduc Charles devait le premier mettre en échec les armées françaises, la paix de Vienne, qu'affaiblissait encore la monarchie des Habsbourg, ainsi que le mariage de Napoléon avec l'archiduchesse Marie-Louise (1810) avaient ruiné les fugitifs espoirs : le nouveau chancelier, Metternich, estimait qu'il fallait temporiser. Aussi quand, au lendemain de la Campagne de Russie, le corps prussien du général York eut signé un armistice

avec le Tsar (décembre 1812), que les Etats provinciaux de Königsberg, réunis par Stein, eurent décidé la levée en masse des hommes valides et que Frédéric-Guillaume III, malgré lui, mais pour ne pas perdre sa couronne, eut signé l'alliance russe et lancé à son peuple un appel aux armes (mars 1813), ce fut la Prusse qui eut à galvaniser les énergies. La propagande des patriotes revêt alors un tour guerrier, patriotique et national, comme il apparaît dans les poèmes de **Körner**, de **Rückert**, de **Schenkendorf** et **d'Uhland**. **Jahn** et **Arndt** enseignent que l'ancien Empire germanique est mort, mais qu'il est possible de le reconstituer sous une forme nouvelle, qu'il doit s'étendre à tous les pays de langue allemande, et que le Rhin par suite, fleuve allemand, ne saurait constituer la frontière de la France. A l'origine de cette nouvelle communauté, ils placent l'idée du *Volkstum*, de cette « germanicité » dans laquelle communient les hommes de même race, de même langue et de mêmes mœurs : ils popularisent ainsi les idées romantiques, encore mal connues. Et en même temps ils invoquent, pour donner à la nation allemande une structure politique, la puissance de la Prusse, qui a su réaliser de si grandes choses ; chez eux vibre la même veine qui poussait naguère **Henri de Kleist** à célébrer dans son *Prince de Hombourg* les hautes vertus qu'incarne la Prusse : l'amour d'une discipline inflexible, de l'effort moral et du devoir librement consenti. Ce furent de telles pensées qui amenèrent l'élite de la jeunesse allemande à verser son sang à Lützen et à Bautzen, où les troupes prussiennes se montrèrent encore inférieures, puis à Leipzig (octobre 1813), « la bataille des nations », qui sonna le glas de la domination napoléonienne en Allemagne.

Ce premier rêve unitaire allait se heurter à la résistance autrichienne. Le chancelier Metternich avait cherché à retarder le plus possible l'ouverture de la campagne d'Allemagne, afin de préparer ses armées et contre-carrer la puissance prussienne. Il n'était point en effet dans ses vues de laisser se constituer un Reich allemand trop puissant et de caractère libéral, qui n'eût pu que servir les intérêts de la Prusse. Et contre elle il sut admirablement exploiter l'égoïsme particulariste des princes allemands, qui sentaient bien en effet que l'unité nationale ne pourrait se faire qu'à leur détriment, et que l'installation en Allemagne d'un pouvoir central fort devait nécessairement porter atteinte à leur précaire souveraineté. Et quand après la défaite de Napoléon (1814) s'ouvrit le Congrès de Vienne, le puissant Chancelier, qui savait parfaitement ce qu'il voulait, n'eut pas de peine à faire échouer les projets, hésitants et divers, des patriotes prussiens. Si en effet ceux-ci étaient d'accord pour limiter le pouvoir des princes allemands, ils ne surent formuler aucune idée nette sur la place respective de la Prusse et de l'Autriche dans la nouvelle Confédération. Il n'y avait pas non plus de précision dans les appels chaleureux que publiait dans son *Mercure rhénan* Joseph Görres, alors passé au Romantisme, en faveur d'un grand Etat allemand reposant sur le sentiment populaire d'une communauté ethnique. Entre la nation allemande, entrevue encore sous le seul jour de la culture, et l'Etat prussien, le pont n'est pas encore jeté.

Si la Prusse n'a pas cherché à réaliser en 1815 à son profit cette unité allemande, à quoi la conviaient les patriotes de l'entourage de Stein, c'est que la royauté, ainsi que les classes dirigeantes, s'y sont radicalement opposées. Frédéric-Guillaume III n'avait suivi qu'avec répulsion un mouvement dans lequel il discernait des aspirations jacobines. Au sein de la noblesse s'était rapidement constitué, contre les réformes entreprises par Stein et Herdenberg, un parti conservateur, à qui le Junker von der Marwitz fournit une doctrine à la fois particulariste et féodale : il fallait à tout prix éviter pour la défense des privilèges de ces hobereaux, que la Prusse ne s'absorbât dans une Allemagne unifiée. En revanche, il n'y avait pas alors à Berlin d'opinion publique suffisamment avertie, de classe moyenne assez formée, pour imposer une réforme de l'Etat sur des bases libérales et nationales. La seule organisation politique qui se fût formée en Prusse, le *Tugendbund*, fondé à Königsberg en 1808, ne comprenait pas plus de sept cents membres ; et si son but apparent était « l'exaltation des vertus civiques », il se proposait essentiellement de surveiller les agents de l'Etat et ceux des citoyens qui collaboraient avec l'étranger ; son influence a été faible, et les ministres réformateurs l'ont jugé avec sévérité. Rien n'est donc venu au travers des vues de l'aristocratie prussienne qui, d'accord avec le Roi, a sacrifié l'unité allemande à ses intérêts égoïstes. Les classes dirigeantes ont, ici comme ailleurs, considéré l'unité allemande comme une idée issue de la Révolution : comment auraient-elles pu y accéder, elles qui, sur le plan intérieur, souhaitaient en 1815 le triomphe de la contre-révolution et l'abandon de toute politique réformatrice ?

Ces mêmes classes dirigeantes devaient réaliser plus tard l'unité allemande, en spéculant sur le sentiment national qui était sorti des guerres de délivrance. Mais elles devaient la réaliser à leur profit.

Chapitre II

L'EFFORT IDÉALISTE VERS L'UNITÉ ET VERS LA LIBERTÉ (1815-1850)

Pendant la première moitié du XIXe siècle, la lutte pour l'unité allemande se confond avec la lutte pour la liberté politique et garde un caractère vraiment idéaliste. Les libéraux qui ont pris en 1848 la tête du mouvement unitaire combattent moins pour la conquête du pouvoir ou pour la réalisation de réformes pratiques nettement définies, que pour le triomphe d'une doctrine morale, d'une sorte de religion politique. Les apôtres de la liberté et de l'unité sont le plus souvent des idéologues qui, en face des puissances vieillies de l'absolutisme monarchique et de la réaction féodale, formulent les revendications essentielles de la pensée moderne : le droit de la nation à l'autonomie, sa volonté d'être consultée sur les affaires publiques. Mais ils comptent moins, pour arriver à leurs fins, sur la force révolutionnaire de la nation que sur la toute-puissance de l'idée.

Ils ont échoué, parce qu'ils ont trouvé devant eux l'héritage de l'Allemagne luthérienne : le particularisme d'une part, et d'autre part la puissance conjuguée des dynasties, de l'Eglise, de l'aristocratie et de l'armée, qui n'étaient pas disposées à abdiquer leur séculaire autorité et qui, en Prusse notamment, disposaient de moyens immenses sur les consciences et sur les corps. Voilà pourquoi l'Allemagne n'est pas devenue, comme les grandes nations occidentales, un Etat démocratique, où le pouvoir appartient aux représentants élus de la nation souveraine.

*
* *

Les traités de 1815 furent suivis en Allemagne d'une profonde déception. La Confédération germanique, telle que Metternich en avait dicté la constitution, ne pouvait pas donner satisfaction aux patriotes : elle comprenait trente-neuf Etats souverains qui, sauf pour les affaires extérieures, n'étaient soumis à aucun pouvoir central ; quant à la Diète de Francfort, présidée par l'Autriche, ce n'était qu'un Congrès de diplomates, dont les membres, liés par les instructions reçues, ne pouvaient rien décider que sous réserve de ratification par leur propre souverain. Le statut de la Confédération, bien qu'il prévît un embryon d'organisation militaire et financière fédérale, vouait en fait l'Allemagne à l'impuissance.

L'irritation n'était pas moindre chez les libéraux : le Roi de Prusse, malgré ses promesses solennelles, renouvelées en 1815, n'accorda à ses sujets qu'une représentation provinciale, sans autorité politique ; quant à l'Empereur de l'Autriche, il laissa subsister un absolutisme obscurantiste et policier. Seuls certains souverains de l'Allemagne du Sud, afin de consolider leurs territoires artificiellement réunis par Napoléon, s'empressèrent de donner à leurs sujets des constitutions imitées de la Charte française ; mais la vie politique dans les Etats

« inorganiques » de ce type, n'a guère d'action sur les destinées de l'Allemagne. Les historiens allemands reprochent aux doctrinaires libéraux, comme le Badois Karl Rotteck, de voir le salut dans une théorie abstraite de l'Etat constitutionnel, dans un ensemble de formules empruntées à l'étranger et qui ne sont pas la traduction adéquate d'un état de fait.

La masse de la nation est demeurée, après 1815, indifférente. Mais le mécontentement était vif chez les intellectuels, professeurs et étudiants, qui se groupaient autour de la *Burschenschaft* d'Iéna. Dans ces milieux se mêlent d'ailleurs aux aspirations libérales l'amour romantique du passé germanique et des coutumes teutoniques, le culte du Saint-Empire. Le caractère puéril de ces groupements s'avère lors de la *fête de la Wartbourg* (1817), célébrée à l'occasion du tricentenaire de la Réforme et qui se termina par un autodafé de symboles et d'écrits réactionnaires. Il n'y a guère qu'à Giessen que se développa un mouvement radical, dominé par l'énergique personnalité de Karl Follen, partisan de la République, apôtre du tyrannicide et de la propagande par le fait ; c'est à son groupe qu'appartenait le jeune Sand, qui assassina en 1819 le poète Kotzebue, connu comme réacteur et informateur du Tzar. Mais ce geste provoqua de la part de Metternich une prompte réaction : au Congrès de Carlsbad (1819), les Universités reçurent des curateurs, la censure musela la presse, une Commission fédérale à Mayence fut chargée d'enquêter sur les mouvements révolutionnaires. Metternich sans doute ne put obtenir au Congrès de Vienne (1820) que les souverains de l'Allemagne du Sud retirent leurs constitutions. Néanmoins les décisions de la Sainte-Alliance avaient brisé pour de nombreuses années toute agitation révolutionnaire. Les mouvements locaux au lendemain de la Révolution française de 1830, à la suite desquels quelques princes effrayés promirent des constitutions, la *fête de Hambach* (mai 1832), où des démocrates hissèrent l'étendard noir-rouge-or, symbole du libéralisme unitaire et burent en l'honneur de la souveraineté du peuple, l'année suivante le *putsch* manqué contre la Diète de Francfort, permirent au contraire au Chancelier, soutenu par les princes allemands, d'aggraver les mesures de répression. Quant aux écrivains de la « Jeune Allemagne » — Gutzkow, Laube — qui essayaient de mêler la critique des institutions existantes et la propagande saint-simonienne à l'exposé de leur sensualisme antichrétien, ils furent l'objet de poursuites rigoureuses. En fait, jusqu'en 1840, l'expression de toute pensée politique fut étouffée en Allemagne.

Cependant, au cours de ces vingt-cinq années de réaction, la Prusse ne demeura pas inactive. Bien qu'elle ne fût pas un Etat libéral, on vantait en Allemagne la supériorité de son système éducatif, l'excellence de ses Universités, la compétence de son administration. C'est en elle que le philosophe Hegel voit le représentant de l'Etat rationnel, où l'individu acquiert sa liberté par un sacrifice total aux obligations collectives. C'est elle qui va bientôt prendre en mains l'organisation économique de l'Allemagne.

Dès 1818 elle avait supprimé dans ses vastes Etats — elle s'étendait depuis 1815 à la rive gauche du Rhin — les douanes intérieures. Des fonctionnaires remarquables — **Motz, Maassen** — eurent alors l'idée de réaliser l'unité douanière de l'Allemagne sous la direction de la Prusse. Non d'ailleurs sans éprouver de résistance de la part du particularisme, ils réussirent à signer une convention douanière avec la Hesse-Darmstadt (1828), puis avec la Bavière et le Wurtemberg (1833). Excluant l'Autriche, où Metternich avait cependant prévu l'importance de l'événement, le *Zollverein* (Union douanière) put entrer en vigueur le 1er janvier 1834. Sa constitution remplit d'aise le grand économiste Frédéric List, qui avait fait une vive campagne en sa faveur ; il eût souhaité dès cette époque que l'Allemagne se transformât, par le développement de tarifs protecteurs et par la construction d'un immense réseau de voies ferrées, en un grand Etat industriel, se suffisant à lui-même et qu'elle prît ainsi la direction économique de l'Europe centrale et orientale ; pour le moment cet apôtre de l'économie nationale ne parvint pas à imposer ses vues et finit par le suicide. Il n'en reste pas moins que le *Zollverein*, non seulement fut à l'origine d'une grande activité économique — le chiffre du commerce allemand doubla en dix ans —, mais qu'il laissait présager à la Prusse le plus brillant avenir. Dès 1830 un commerçant d'Aix-la-Chapelle, **David Hansemann**, laissait entendre dans un mémoire à son Roi, que l'unité allemande devait être réalisée par la Prusse, sur la base des intérêts matériels.

L'opinion était cependant unanime que, si la Prusse était destinée à jouer ce rôle, elle devait auparavant se transformer en un Etat libéral. L'espérance en parut justifiée quand la couronne de Prusse échut à **Frédéric-Guillaume** IV (1840-1861). Ce prince, qui était au fond un romantique et qui croyait à l'origine divine de sa couronne, mais qui souhaitait d'être aimé de son peuple, parut disposé à accorder des libertés et à obtenir une réforme de la Confédération germanique ; le discours qu'il prononça à Cologne (septembre 1842), lors de la pose de la première pierre pour les travaux d'achèvement de la célèbre cathédrale — symbole de l'unité allemande —, confirma les espoirs que l'on avait placés en lui. Le libéralisme qui se fait alors jour dans les Etats prussiens est d'ailleurs conservateur et monarchique ; comme naguère les ministres de l'ère des réformes, il se place sur le terrain des institutions existantes. Adversaires du droit naturel et de la souveraineté du peuple, les libéraux se contentent de réclamer l'avènement du *Rechtstaat*, où la souveraineté de la loi sera obtenue par le consentement mutuel du Roi et de la nation. Ils ne cherchent pas à obtenir des garanties contre l'arbitraire du pouvoir, mais encore à exprimer leur méfiance à l'égard d'une dynastie qui les a pourtant si cruellement trompés. Le plus illustre représentant de ce libéralisme prussien, c'est l'historien **Dahlmann** qui, révoqué par le roi de Hanovre de l'Université de Göttingen à cause de ses opinions politiques, enseigne maintenant à Bonn, dans la Rhénanie prussienne : or Dahlmann considère la Prusse comme une réalité historique, dont l'évolution doit seulement être orientée dans l'esprit du self-gouvernement britannique, qui est lui-même d'essence germanique. Le libéralisme allemand avant 1848 respecte les droits acquis ; dans ces limites il exprime la volonté d'une élite intellectuelle de parvenir à la majorité politique.

Il devait cependant trouver des chefs expérimentés dans cette province prussienne du Rhin qui avait été française sous Napoléon et où s'était développée, par suite d'une industrialisation précoce, une bourgeoisie plus évoluée que dans le reste du royaume. Ici en effet depuis 1815 l'on défendait avec succès contre les tendances centralisatrices du Gouvernement prussien les institutions léguées par la France : le Code civil, une procédure orale et publique, l'égalité municipale des villes et du plat pays. L'on avait le sentiment en luttant contre une Prusse absolutiste, féodale et luthérienne — le Roi avait en 1836 fait incarcérer l'Archevêque de Cologne qui refusait de souscrire aux exigences prussiennes à l'endroit des mariages mixtes — de servir la cause du progrès. Cependant, à partir de 1840, les libéraux rhénans — Hansemann, à Aix-la-Chapelle, Camphausen et Mevissen, à Cologne, Beckerath, à Crefeld —, renonçant à leur particularisme et entraînés par l'évolution économique suscitée par le *Zollverein*, acceptèrent de collaborer avec les autorités prussiennes, tout en posant comme condition que la Prusse se transformât en un Etat constitutionnel et parlementaire. Sous leur direction, la Diète rhénane était devenue une assemblée remarquable, dont les débats étaient suivis avec attention dans toute l'Allemagne.

Quand, en 1847, Frédéric-Guillaume IV se décida, sous la pression de l'opinion, à convoquer à Berlin un Landtag uni, constitué par les députés de toutes les Diètes provinciales, ce furent eux qui prirent la tête du mouvement libéral en Prusse. Sans rompre avec la Couronne, ils firent savoir au Roi qu'ils ne consentaient pas pour le Landtag à un côté purement consultatif, et qu'ils réclamaient la périodicité des réunions. Pour marquer leur opposition, ils firent refuser au Roi deux emprunts, l'un notamment en vue de la construction du chemin de fer Berlin-Königsberg. L'entente ne put se faire, et le Roi, qui se refusait absolument à « insinuer une feuille de papier » entre lui et son peuple, soutenu par les hobereaux, entre lesquels se distingua **Bismarck**, congédia rapidement ses « fidèles Etats ». Les députés rentrèrent assez découragés dans leurs provinces. Mais l'on pouvait se demander à bon droit si le Roi n'allait pas être obligé de transformer à brève échéance la structure de l'Etat prussien dans le sens où le demandait la bourgeoisie occidentale.

L'exaltation libérale et unitaire, suscitée par ces événements, atteignit son apogée à la fin de l'année 1847. Tandis que des démocrates tenaient un Congrès à Offenbourg, où ils réclamaient une représentation nationale commune à tous les pays germaniques, des libéraux venus de toutes les parties de l'Allemagne soutenaient à Heppenheim, l'idée d'un Parlement douanier, dans le cadre du *Zollverein*, muni d'attributions politiques. A Heidelberg, la *Deutsche Zeitung* sous la direction de Gervinus groupait l'état-major libéral.

Il existait alors en Allemagne de nombreux foyers d'agitation sociale, qui, le moment venu, pouvaient fournir à la révolution des troupes d'émeutes. La crise économique des années 1845-1847, le chômage, la réduction des salaires, ainsi que la perturbation du travail artisanal, encore dominant, par l'introduction du machinisme : tout cela pouvait être exploité par une active propagande menée d'ailleurs par les travailleurs émigrés en France ou en Suisse. Cependant c'est par la voie de l'idéologie que les Allemands sont venus au socialisme. L'hégélianisme de gauche, formulé par A. Ruge dans les *Annales de Halle*, *L'essence du christianisme* du philosophe Feuerbach, ont fourni dans les débuts des années 40 les éléments d'une pensée « radicale ». Vers 1845 fleurit en Allemagne la doctrine du « socialisme vrai » qui exploite dans un sens communiste la doctrine feuerbachienne de l'aliénation. Karl Marx cependant s'est rapidement détaché du vague radicalisme des milieux berlinois, puis des conceptions utopiques d'un Weitling, partisan d'une révolution brutale ; chassé d'Allemagne, où il avait fait paraître ses premiers articles dans la presse libérale rhénane, puis de France, où il s'est livré à une étude critique de systèmes socialistes de son temps, il jetait en 1847 à Bruxelles, en collaboration avec le jeune Engels, le remarquable observateur du monde ouvrier britannique, son célèbre *Manifeste communiste*, où il définissait les conditions générales de la lutte des classes. Mais il n'avait pas encore d'audience auprès des travailleurs allemands.

Quelle que fût l'ampleur des revendications économiques et sociales, c'est la haine de l'arbitraire et de la contrainte bureaucratique qui unit les Allemands contre le pouvoir ; ce fut contre l'absolutisme que se dressa la nation : c'est dire que les causes des révolutions de 1848 furent avant tout politiques. Il est apparu que cette bureaucratie, en laquelle Hegel avait vu « l'intelligence de la nation » et qui par ailleurs avait rendu de si grands services à l'Etat, n'avait pas été capable dans la période prérévolutionnaire d'arbitrer le conflit issu de la montée des nouvelles couches sociales, bourgeoisie d'affaires et prolétariat.

La Révolution de 1848 prit un double aspect : territorial et national.

Ce furent les événements parisiens de février 1848 qui déclenchèrent les mouvements révolutionnaires dans la plupart des Etats allemands, qui adoptèrent, aussitôt, et sans réaction souvent, des institutions constitutionnelles. Les événements les plus graves eurent lieu en Prusse : tandis que les municipalités rhénanes réclamaient l'avènement du régime parlementaire, l'opinion s'échauffait à Berlin contre le militaire, universellement détesté. Comme la plupart des souverains allemands, Frédéric-Guillaume IV jugea prudent de jeter du lest : le 18 mars, à l'annonce de la Révolution viennoise et de la chute de Metternich, il lançait une proclamation reconnaissant la nécessité d'une « organisation constitutionnelle des Etats allemands ». Mais la foule, venue pour l'acclamer, entra en conflit avec la troupe, des barricades s'élevèrent ; la capitale tomba entre les mains des insurgés : aussi le 19, le Roi annonçait-il à « ses chers Berlinois » qu'il avait donné l'ordre à l'armée de se replier et confiait la police de la capitale à une garde bourgeoise ; le 21, paré des couleurs noir-rouge-or, il parcourait la capitale à cheval et promettait à son peuple une constitution, avec une Assemblée élue au suffrage universel, ainsi que l'absorption de la Prusse dans une Allemagne rénovée par le libéralisme. De fait, le « ministère rhénan », présidé par Camphausen, que Frédéric-Guillaume IV constitua au lendemain de la crise, tout en évitant de rompre avec le passé et tout en réunissant un *Landtag uni* (début d'avril) qui maintenait le principe de la « collaboration » entre la Couronne et les élus de la nation, se considéra comme responsable vis-à-vis de la nouvelle Assemblée nationale prussienne élue en mai et tenta, d'accord avec elle, de modifier sérieusement la structure fondamentale de l'Etat prussien. Les libéraux n'eurent pas le temps de mener à bien leur œuvre, qui fut troublée d'ailleurs par les excès continuels auxquels se livrait la population berlinoise. Quant au Roi, dont la conversion au libéralisme n'était pas sincère, il se trouvait à Potsdam sous l'influence d'éléments conservateurs — la « camarilla » des frères von Gerlach —, qui défendaient très habilement dans la *Gazette de la Croix* les intérêts des grands propriétaires ; ceux-ci, attachés à leurs privilèges et à l'Eglise luthérienne, qui constituait l'armature morale de l'Etat, firent porter leur propagande sur les paysans et les petites villes de l'Est et eurent rapidement l'appui d'une partie de la société bourgeoise, épouvantée par le péril révolutionnaire. Dès que la Révolution eût été écrasée à Vienne, le Roi se mit à l'œuvre : Berlin fut placé en état de siège, l'Assemblée transférée malgré elle à Brandebourg, puis dissoute (décembre 1848). Le ministère libéral avait été remplacé peu de temps auparavant par le comte de Brandebourg, militaire combattif, auquel fut associé un bureaucrate, Manteuffel. Toutefois l'absolutisme ne fut pas entièrement restauré en Prusse : voulant assurer la cohésion des territoires prussiens et voyant dans un Parlement un obstacle à un démembrement éventuel de la Prusse au sein d'une Allemagne unifiée, le Roi accorda une constitution qui, tout en insistant sur l'unité de la monarchie prussienne, fixant les droits fondamentaux des citoyens, accordait de larges libertés aux communautés religieuses et prévoyait la création de deux Chambres législatives, l'une désignée par le Roi, l'autre élue au suffrage universel. Mais la révision du texte constitutif dès l'été 1849 aménagea le suffrage universel de telle sorte que, par la division des électeurs en trois classes selon la richesse, la majorité demeurait nécessairement aux représentants des personnes fortunées, en particulier des grands propriétaires terriens. D'autre part, aucune responsabilité ministérielle n'étant prévue, le pouvoir royal restait prépondérant. Si bien que la nature de l'Etat prussien ne fut pas sensiblement modifiée par la Révolution de 1848 : la bourgeoisie de l'Ouest n'avait pas réussi à imposer ses vues ; le centre de gravité demeura dans les provinces orientales du royaume. Le Gouvernement continua à s'appuyer sur l'aristocratie, la bureaucratie, l'armée, l'Eglise luthérienne : forces antilibérales par excellence. Cela devait être lourd de conséquences pour les destinées du pays.

Le même échec a frappé à Francfort la Révolution nationale. Le 5 mars 1848 s'étaient réunis à Heidelberg cinquante et un patriotes libéraux qui, de leur propre autorité, convoquèrent à Francfort un Parlement préparatoire ; la Diète n'avait pas osé protester. Le *Vorparlament*, composé de tous les Allemands qui avaient été députés dans une Assemblée quelconque, se réunit le 31 mars ; il décida l'élection au suffrage universel d'un Parlement constituant, mais n'osa rompre ouvertement avec les institutions existantes ni briser radicalement le pouvoir de la Diète. Par sa faiblesse, il laissa donc subsister, à côté du nouvel organisme révolutionnaire, les autorités légales, qui s'étaient provisoirement inclinées, mais qui conservaient la force armée à leur disposition. De cette juxtaposition devait sortir un conflit dont l'issue ne pouvait faire de doute. Le Parlement qui s'était réuni à Francfort, dans l'église Saint-Paul, le 18 mai 1848, était d'ailleurs plus une Académie qu'une Assemblée de notables ; les intellectuels — professeurs comme **Dahlmann** et **Droysen,** hommes de lettres comme **Uhland** — y dominaient largement, tandis que les hommes d'affaires étaient presque entièrement absents. Si le Parlement résolut provisoirement le problème du gouvernement en créant, à l'instigation de son président, le Hessois H. v. Gagern, un Viacariat d'Empire en faveur de l'archiduc autrichien Jean, il fut incapable de faire reconnaître cette nouvelle autorité ; quand les troupes fédérales reçurent l'ordre de prêter serment de fidélité au Gouvernement provisoire, la plupart des Etats refusèrent d'obéir ; la Prusse se montra particulièrement jalouse de ses prérogatives. Au sein même du Parlement, la division s'accentua à propos des limites même de la nouvelle Allemagne. Il n'était dans le désir de personne à Francfort d'exclure du Reich l'Autriche allemande. Mais quand on sut que le chancelier **Schwarzenberg**, vainqueur de la Révolution viennoise, exigeait l'admission de l'intégrité de la monarchie autrichienne dans le Reich, l'Assemblée se divisa en deux partis : les libéraux, ceux de Prusse notamment, qui tenaient pour une « Petite Allemagne » très centralisée, dirigée par le roi de Prusse, avec exclusion totale de l'Autriche ; les catholiques et les républicains, partisans de la « Grande Allemagne », disposés à une union plus lâche, mais englobant l'Autriche. En fait s'affrontaient, sous ces noms, les partisans de la Prusse et ceux de l'Autriche. Finalement, après de longs débats et à quatre voix de majorité, le Parlement offrit au roi de Prusse l'Empire héréditaire (27 mars 1849). C'était au moment où l'on se croyait arrivé au port que l'on en était en fait le plus éloigné. Par haine des principes démocratiques — il ne voulait que d'une couronne offerte par les princes, ses égaux —, mais surtout de peur de heurter l'Autriche qui s'était faite menaçante et pour préserver la cohésion de ses propres Etats, Frédéric-Guillaume IV refusa. Dès lors l'agonie du Parlement fut brève : les principaux Etats rappelèrent leurs députés ; l'Assemblée tenta bien de mettre en vigueur, malgré les princes, la constitution unitaire qu'elle avait élaborée ; mais elle n'osa pas appeler le peuple à l'insurrection contre les dynasties. Les émeutes qui éclatèrent dans divers Etats — en Saxe, dans certains districts rhénans et westphaliens, au Palatinat et en Bade, où la République démocratique fut proclamée — ne firent pas long feu. Réduite à une centaine de membres, l'Assemblée quitte Francfort pour Stuttgart, où elle fut dispersée par les soldats du roi de Wurtemberg (juin 1849).

La Révolution de 1848 avait échoué, non du fait de la faiblesse du mouvement démocratique, dont les ouvriers avaient été les meilleurs serviteurs, mais de la crainte qu'avaient suscitée dans la bourgeoisie possédante certaines revendications sociales et l'éventuelle proclamation d'une république rouge : c'est cette peur qui a aussitôt rejeté la bourgeoisie, prépondérante à Francfort, vers les anciennes classes dirigeantes. Si perspicaces qu'aient été les directives formulées par Marx de Cologne, où il dirigeait la *Nouvelle Gazette rhénane*, la démocratie allemande ne sut pas se plier à une discipline commune ; elle n'atteignit pas la classe paysanne, qui s'épuisa, comme en Bade, dans de vaines jacqueries ; elle se heurta à l'influence des Eglises, qui s'exerça dans le sens du respect des pouvoirs établis.

La Prusse cependant tira les conséquences de l'échec de la solution parlementaire en reprenant le problème de l'unité allemande sur le plan de la politique des unions contractuelles qui lui avait si bien réussi pour le *Zollverein*. Elle tenta de profiter de la situation difficile où se trouvait l'Autriche, par suite de la révolte hongroise, pour organiser avec les souverains de Saxe et de Hanovre une *Union restreinte*, à laquelle l'ex-fraction libérale et petit-allemande du Parlement de Francfort, réunie à Gotha, consentit son appui (juin 1849). Mais les succès autrichiens permirent au particularisme allemand de relever la tête contre les ambitions prussiennes : le Hanovre et la Saxe, abandonnant à l'invitation de Schwarzenberg le camp de la Prusse, s'unirent à la Bavière et au Wurtemberg — le *traité des quatre rois* — pour présenter un nouveau projet de Confédération sur la base grand-allemande. L'Union restreinte se trouva ramenée ainsi aux petits Etats voisins de la Prusse, dont les représentants réunis à Erfurt, votèrent une constitution fédérale préparée par le roi de Prusse (mars 1850). Cela même, l'Autriche n'était pas disposée à le tolérer : elle réunit à Francfort l'ancienne Diète, où elle avait une situation prépondérante, ce à quoi Frédéric-Guillaume IV répondit par la convocation d'un Congrès des princes qui étaient sous sa coupe. Au milieu de l'été 1850, l'Allemagne était partagée en deux camps, autour de Vienne et de Berlin.

L'on mobilisa de part et d'autre ; et quand la Diète décida de rétablir sur son trône le duc de Hesse qui en avait été chassé par la Révolution, l'on put croire que la Prusse s'opposerait à l'exécution fédérale dans un Etat qui faisait parti de l'Union restreinte et déclarerait la guerre à l'Autriche. Cependant, sur un ultimatum autrichien, le roi de Prusse céda ; son ministre Manteuffel, convoqué par Schwarzenberg à Olmütz (novembre 1850) accepta la dissolution de l'Union restreinte. L'ancienne Diète reprit ses séances. La reculade d'Olmütz signifiait, avec le triomphe momentané de l'Autriche, l'échec de l'idée unitaire et le retour général à la réaction.

Ces événements ont eu sur le développement de la pensée politique allemande de graves répercussions. L'espoir, qui avait été celui du libéralisme allemand, de donner à la Prusse une constitution, à l'Allemagne son unité, s'est trouvé déçu. Les événements de l'année 1850 préludent en Allemagne à une période de violente réaction, et la peur qu'avaient ressentie les classes dirigeantes a fait naître chez elles une âpre volonté de représailles. Le régime napoléonien en France offrit le modèle d'une certaine technique gouvernementale dont les cours allemandes surent tirer profit. Ce fut en Prusse que la Restauration fut la plus brutale : là, la Révolution de 1848 avait bien été la lutte de la bourgeoisie contre la vieille aristocratie des Junkers, qui constituait l'armature de l'Ancien régime ; aussitôt la tempête apaisée, la société du passé se hâta de se reconstituer et de remettre la main sur l'Etat : elle rétablit les fidéicommis, ainsi que ses pouvoirs de police dans ses domaines, qui avaient été supprimés. Quant à la monarchie, elle disposait grâce au système électoral, combiné avec la pression administrative, d'une Chambre docile ; il ne saurait être question que d'un constitutionnalisme d'apparence. Outre la police, qui se soucie fort peu des libertés individuelles, la monarchie croit pouvoir s'appuyer sur les Eglises : elle laisse aux évêques la plus entière liberté, ce qui lui vaut l'appui du groupe catholique au Landtag, mené par le Rhénan Reichensperger ; quant au clergé luthérien, il est invité à défendre les intérêts et les doctrines réactionnaires. Le philosophe officiel de la réaction, Stahl — un Juif converti —, mène une vigoureuse campagne contre la science, la tolérance, la liberté de conscience, et proclame l'Etat d'institution divine.

Dans ces conditions, la bourgeoisie, qui n'a pas réussi dans son effort idéaliste pour fonder l'Allemagne moderne sur la souveraineté de la loi, se détourne de la vie politique pour s'adonner aux affaires. Elle se laisse emporter par l'extraordinaire poussée économique qui sera le grand fait des années « cinquante ». Le libéralisme, bridé par la réaction politique, se fait capitaliste et constructeur. Mais, de plus en plus, il se désintéresse du problème politique, qu'il abandonne aux Gouvernements et aux partis réactionnaires. Il se déclare satisfait de l'état de choses existant, à condition que les intérêts matériels soient sauvegardés. Vidée de sa substance révolutionnaire, la bourgeoisie allemande est devenue réaliste. Le temps est proche où Bismarck réussira à l'intégrer dans un Reich où tous les intérêts seront satisfaits par une série d'habiles compromis.

Chapitre III

BISMARCK ET LA RÉALISATION DE L'UNITÉ ALLEMANDE (1850-1871)

Ce que la nation allemande n'avait pu obtenir par un acte de sa volonté souveraine, Bismarck va le réaliser au profit de l'Etat des Hohenzollern, sans porter atteinte aux principes traditionnels sur lesquels s'est édifiée cette puissante monarchie.

Formation de l'unité allemande sous la direction prussienne, intégration de la bourgeoisie dans ce Reich unifié : telles ont été les deux grandes réalisations bismarckiennes jusqu'en 1871.

L'une et l'autre eussent été inexplicables sans la profonde industrialisation allemande, qui commence à cette époque.

Les années 1850-1860 marquent en effet le début de la transformation économique et la création d'une Allemagne nouvelle où le morcellement historique disparaît dans un nouveau système de relations. Pays de petits artisans et de petites entreprises dispersées, l'Allemagne voit s'ouvrir devant elle une ère mécanique et capitaliste. Elle devient en peu d'années gros producteur de houille, de fer, de machines et de cotonnades. Le capital se rue vers les entreprises économiques ; et l'on voit déjà se dessiner dans les grandes régions industrielles, la Silésie et la Ruhr, les premières ébauches de concentration des entreprises. Or cette vie économique n'est plus bavaroise, saxonne, prussienne, mais nationale, et cela en deux sens. D'abord en ceci qu'elle libère de plus en plus l'Allemagne des servitudes étrangères : c'est ainsi, par exemple, que le charbon anglais est totalement évincé, que le marché est conquis par le tissage national. Ensuite, parce qu'elle se crée entièrement dans le cadre du *Zollverein*. L'Autriche, profitant de la reculade d'Olmütz, a tenté une vigoureuse offensive entre 1850 et 1853 pour rallier les Etats du Sud dans son sillage économique ; mais en fin de compte elle a échoué ; et si en 1853 fut signé un traité de commerce austro-prussien, d'où l'Autriche tira quelque profit, la Prusse demeure à la tête du *Zollverein*. En 1854, le ministre du Commerce von der Heydt, réussit même à faire pénétrer dans l'Union douanière le Hanovre, jusqu'alors récalcitrant, avec son *Steuerverein*. L'Allemagne se sentait de plus en plus solidaire d'une même destinée économique.

Cette exceptionnelle prospérité a eu pour conséquence de briser entièrement les anciens cadres sociaux : l'aristocratie gouvernementale ne parvient que difficilement, devant l'industrialisation du pays, à maintenir à l'Etat prussien son caractère exclusivement agrarien et féodal. La création des sociétés par actions, le prodigieux développement des banques se sont imposés, malgré elle, comme la forme nouvelle du capitalisme. En face de l'ancienne caste aristocratique, se forme une puissante bourgeoisie d'affaires, d'autant plus sûre d'elle-même qu'elle sait bien que la prospérité de l'Allemagne est due, non à des mesures artificielles, mais à sa propre énergie. C'est elle qui fournit maintenant au *Zollverein* son élite dirigeante : le ministre von der Heydt, les banquiers rhénans Mevissen et Hansemann, le Westphalien Krupp, le Berlinois Borsig. Or cette haute bourgeoisie, lasse des luttes politiques et de leur stérile agitation, s'élance avec une ardeur redoublée vers la conquête du bien-être matériel et de la richesse. A ce titre, elle met d'abord l'accent sur ses revendications économiques, appuyant de toutes ses forces les doctrinaires du manchestérianisme ; et le Congrès des économistes, réuni à Francfort en 1859, qui est l'expression de ses intérêts, exige « l'introduction immédiate de la liberté industrielle ». Ensuite elle insiste sur la nécessité de réaliser sans délai l'unité nationale : celle-ci n'est pas seulement pour elle un idéal doctrinaire, mais encore une réalité pratique, sans laquelle les résultats obtenus par l'Union douanière pourront toujours être remis en jeu. C'est ainsi que la grande bourgeoisie devint l'âme de ce *Nationalverein* qui, créé en 1859, a pour but de développer l'idée de la patrie allemande dans les consciences populaires, de surmonter les préjugés particularistes et de fonder l'hégémonie de la Prusse qui, seule, grâce à l'Union douanière, a su créer les liens correspondants à l'ampleur des intérêts matériels nouveaux.

Que le libéralisme allemand soit devenu moins politique qu'économique et national, cela explique en grande partie l'œuvre de Bismarck, qu'il convient maintenant d'aborder.

Au moment même où l'industrialisation du pays provoque une évolution radicale à l'égard du particularisme, la résistance prussienne à l'hégémonie autrichienne, — résistance qui s'accompagnait jusqu'alors d'une certaine déférence timide, — se raidit

et se cabre contre les sacrifices imposés à l'orgueil national. Olmütz a marqué à cet égard le renversement de la politique de la Prusse, dont les rancunes s'exaspèrent jusqu'à une haine farouche. Et ces sentiments se communiquent, par l'action d'une bureaucratie disciplinée et toute-puissante, à toutes les classes sociales et à tous les partis.

A cette évolution des esprits, Bismarck a lui aussi participé. Le baron de Bismarck, né en 1815 d'une famille brandebourgeoise, appartenait bien à l'aristocratie luthérienne des provinces orientales. Son éducation et sa jeunesse ont été celles d'un homme de son milieu : l'Université aristocratique de Göttingen, les duels et les beuveries, un court passage dans l'administration, la vie du gentilhomme campagnard. C'est un conservateur qui, au Landtag uni de 1847 et à la Chambre de 1849, s'est signalé par son hostilité au parlementarisme, à l'égalité sociale, à l'émancipation des Juifs ; au nom de son particularisme prussien, il a condamné en bloc l'œuvre que l'on poursuivait à l'église Saint-Paul. Mais, représentant de la Prusse à la Diète reconstituée de Francfort de 1851 à 1859, il s'est parfaitement rendu compte que la lutte contre l'Autriche était inévitable ; à l'occasion des tentatives de rentrée dans le *Zollverein* (1853), de la guerre de Crimée (1854), de la guerre d'Italie (1859), il a systématiquement pris position contre elle. Et il se retourne maintenant, lui qui a combattu avec âpreté le libéralisme de 1848, contre le conservatisme étroit, tenace, paralysant dont l'Autriche se sert non seulement pour vaincre les révolutions, mais encore pour contrecarrer l'effort prussien.

Aux yeux de Bismarck, Prussien « jusqu'à la moelle », il est évident que l'unité allemande ne pourra être réalisée que selon l'intérêt suprême de la Prusse. « L'intérêt de la Prusse, déclare-t-il, est pour moi le seul poids normal qui doive entrer dans la balance de notre politique. » Au nom de son prussianisme intégral *(Stockpreussentum)*, il se refusera énergiquement à toute absorption de la Prusse dans l'Allemagne. Celle-ci, selon la célèbre formule, ne pourra jamais être que le prolongement de la

Prusse ; et Bismarck sait parfaitement que ce résultat ne s'obtiendra pas « par des discours et des décisions de majorité », mais « par le fer et le sang ». L'unité allemande devra porter la marque du militarisme prussien. Mais le grand homme d'Etat se séparera habilement, dans ce prussianisme, de ce qu'il a de contraire à la marche générale de l'époque, — son caractère trop franchement féodal, agrarien et particulariste —, pour lier au sort du nouveau Reich, par un habile compromis, la classe nouvelle sortie de l'industrialisation. Bref il a compris que la bourgeoisie, loin d'affaiblir l'organisme prussien, devait apporter un excédent de puissance à cette nation en plein essor.

Si telle fut sa pensée directrice, que l'on veuille bien suivre avec quelle puissance de volonté Bismarck a su en assurer l'exécution.

Quand Bismarck fut appelé à la direction du Gouvernement prussien, Guillaume Ier, régent depuis 1858, Roi à partir de 1861, se trouvait depuis son avènement dans l'impossibilité, par suite de l'opposition du Landtag, de réaliser la réforme militaire que son ministre de la Guerre, von Roon, jugeait indispensable : il s'agissait de renforcer, au détriment de la territoriale, l'armée active, qui seule avait une valeur militaire. Il songeait déjà à abdiquer, quand von Roon lui désigna Bismarck, alors ambassadeur à Paris, comme le seul homme capable de résoudre la crise constitutionnelle (1862). Bismarck, qui partageait entièrement les vues royales sur la nécessité d'une armée forte, sut ranimer le courage de son maître en lui montrant que, s'il risquait sa couronne, du moins mourrait-il en vrai Prussien, pour « les droits de l'Etat ». Nommé premier ministre, il soumit pendant quatre ans la Prusse à un régime de dictature, opposant avec succès l'autorité du Roi responsable et la raison d'Etat au jeu misérable des majorités parlementaires, se contentant de faire voter le budget par la Chambre des seigneurs. Cela valut à Bismarck une prodigieuse impopularité, mais l'outil indispensable put ainsi être forgé.

Cependant, dès son arrivée au pouvoir, Bismarck ne perd pas de vue la politique étrangère. Il apporte à celle-ci les conceptions d'un diplomate d'Ancien Régime, inaccessible à la passion nationaliste et au militarisme conquérant, soumis aux impératifs de la Raison d'Etat. A l'égard de l'Autriche est-il décidé dès 1863 à la rupture ? Peut-être a-t-il cherché sincèrement un terrain d'entente avec elle sur une base conservatrice et légitimiste ; du moins ne craint-il pas cette rupture, et il adapte sa politique à cette éventualité. A Paris, il a sondé les sympathies de Napoléon III. En promettant son aide contre les insurgés polonais, il s'est assuré la neutralité du Tzar. Aussi, quand en 1863 l'Autriche convoque à Francfort un Congrès de princes allemands pour régler la question fédérale, fait-il brutalement échouer le projet en refusant l'adhésion de la Prusse. En même temps, celle-ci signait avec la France un traité de commerce qui signifiait le glas du régime des tarifs différentiels accordés jusqu'alors à l'Autriche, et faisait échec une nouvelle fois aux efforts de sa rivale pour reconstituer le *Zollverein* sur une base grand-allemande (1864). Cependant, avant de frapper son adversaire, Bismarck cherche habilement à le discréditer. L'affaire des duchés du Sleswig et du Holstein, — liés jusqu'alors au roi de Danemark par une union personnelle —, va lui en donner l'occasion. La question qui se pose est double, d'ordre national et d'ordre successoral : ici vivent des populations en majorité allemandes ; menacées à la mort du roi Frédéric VII d'une constitution commune avec le Danemark, elles se sont prononcées, non pour l'héritier direct, Christian de Glücksbourg, mais pour un prince allemand de parenté plus éloignée, le duc d'Augustenbourg, et cela avec le consentement de la Diète de Francfort. Bismarck, intervenant alors, réussit à substituer à la Diète une intervention commune de la Prusse et de l'Autriche, qui, après une campagne rapide, imposèrent au Danemark la cession des duchés. Mais ceux-ci, au lieu d'être remis au duc d'Augustenbourg, furent partagés par la *Convention de Gastein* (1865) entre les deux grandes puissances : le Holstein à l'Autriche, le Sleswig, plus la belle rade de Kiel, à la Prusse. Il était évident que, si la Prusse avait soulevé d'âpres colères, l'Autriche, en s'associant à elle, devait perdre une grande partie des sympathies allemandes.

De plus, de la Convention de Gastein, Bismarck sut faire une machine de guerre dont il pouvait user à tout moment. Quand il se fût assuré à Biarritz de la neutralité de l'Empereur français, et qu'il eût signé un traité d'alliance avec le jeune royaume d'Italie, il prétendit que la mauvaise administration du Holstein par l'Autriche faisait à la Prusse un devoir de l'annexer ; et en même temps il lançait un projet de réforme fédérale excluant l'Autriche, Le *casus belli* était trouvé. Le 14 juin 1866, la Diète, à la demande de l'Autriche, mobilisait contre la Prusse, à une petite majorité il est vrai. On sait que la campagne de Bohême fut fulgurante ; après que les petites armées hanovrienne et bavaroise eussent été anéanties sans avoir pu concentrer leurs troupes, le général Moltke obtenait à Sadowa l'écrasement de l'Autriche (3 juillet), qui demanda un armistice.

Dès lors, par suite de l'attitude de Napoléon III qui se contenta d'une médiation pacifique et se berça quelque temps de l'espoir d'une Allemagne divisée en trois tronçons, — l'idée chimérique de la Triade —, Bismarck eut les mains libres pour organiser l'Allemagne à son idée. Sans doute, lors des négociations de Nikolsbourg, refusa-t-il, malgré l'insistance de Guillaume, d'accabler le vaincu et ne lui demanda-t-il aucune cession de territoire. Mais il exigea le rattachement à la Prusse, du Hanovre, de la Hesse, de Francfort, des duchés danois, dont les populations ne furent pas consultées ; et, avec tous les Etats au nord du Main, il organisa cette *Confédération du Nord* qui devait être l'embryon du futur Empire allemand. Quant aux Etats du Sud, ils furent invités à signer des traités d'alliance militaire qui plaçait leurs armées, en cas de guerre, sous le commandement prussien. Enfin le *Zollverein* fut remanié par la création d'un Parlement douanier.

L'œuvre unitaire est-elle achevée par l'exclusion de l'Autriche ? Bismarck ne le pense pas. L'opposition en effet est loin d'être éteinte dans le Sud : en 1868 le Parlement douanier rejettera une motion en faveur de l'unité. A Munich notamment, l'opinion catholique redoutait la formation d'un grand Etat protestant, et le peuple détestait le militarisme des Prussiens, leur brutalité impérieuse et bureaucratique. Sauf en Bade, l'idée unitaire se heurte partout à une méfiance latente contre la Prusse. Or Bismarck estime que, pour vaincre ces résistances, une guerre nationale est nécessaire. Et contre qui sera-t-elle dirigée ? Contre « l'ennemi héréditaire », dont depuis la crise diplomatique de 1840 l'on dénonce les ambitions sur la Rhénanie. La guerre contre la France apparaît à Bismarck comme le sûr moyen d'achever et de cimenter l'unité allemande. La patrie naîtra des souffrances communes et d'un commun succès.

Or Napoléon III vient justement de s'engager dans une politique de compensations, de « pourboires », a-t-on dit, qui pouvait être présentée à l'opinion allemande comme une série de provocations. Pour prix de sa neutralité bienveillante au lendemain de Sadowa, il a commencé par demander à Bismarck les territoires bavarois de la rive gauche du Rhin, avec Mayence, ce qui a eu pour conséquence de rejeter aussitôt vers Berlin les princes allemands du Sud. N'ayant pas obtenu plus de succès du côté de la Belgique, la diplomatie impériale s'était finalement rejetée vers le Luxembourg : Napoléon aurait voulu acheter cette contrée, possession personnelle du roi des Pays-Bas, mais partie intégrante de l'ancienne Confédération germanique, et dont la capitale était occupée par une garnison prussienne. Sans s'opposer au principe du projet, Bismarck sut ébruiter l'affaire, au sujet de laquelle la presse allemande publia des articles enflammés. Après une période de tension, une Conférence internationale décida l'évacuation par les Prussiens et le démantèlement de la forteresse de Luxembourg, le pays demeurant neutre sous la garantie des puissances (mai 1867). Mais le résultat voulu par Bismarck était obtenu : les rancœurs contre la France étaient surexcitées, le patriotisme allemand soulevé. Le rapprochement esquissé à partir de 1867 entre la France et l'Autriche et qui ne parvint pas jusqu'à une alliance véritable, envenima encore la situation, en entretenant en Allemagne une crainte persistante de coalition.

Pour un conflit qu'il jugeait inévitable, Bismarck entendait choisir son heure. La candidature d'un prince de la Maison de Hohenzollern au trône d'Espagne lui fournit l'occasion cherchée : les Français y virent tout de suite la menace de la restauration de l'Empire de Charles Quint. La candidature put être écartée une première fois. Mais il y avait à Paris autour de l'Impératrice un parti qui, pour des raisons dynastiques, souhaitait la guerre, ou du moins un succès de prestige. Quand le Gouvernement français demanda, — exigence inadmissible —, qu'une telle candidature ne se renouvelât pas à l'avenir, Bismarck rendit la rupture nécessaire : il transforma, d'accord avec Moltke et von Roon, le texte d'un télégramme de Guillaume à son premier ministre, par lequel le roi de Prusse opposait un refus ferme, mais courtois, à la demande française de garanties (13 juillet 1870). La dépêche d'Ems provoqua l'effet attendu : six jours plus tard la déclaration de guerre était notifiée à Berlin. Bismarck obtenait ainsi que la guerre prît pour la Prusse un caractère défensif, ce qui lui était indispensable pour avoir le concours des Etats allemands. De fait, les doutes que l'on pouvait conserver sur l'attitude des Etats du Sud furent bientôt levés : l'Allemagne entière fit bloc autour de la Prusse.

La guerre franco-allemande permit à Bismarck d'achever son œuvre d'unification. Après la victoire de Sedan (2 septembre 1870) les États du Sud ouvrirent avec la Prusse des négociations pour resserrer les liens fédéraux. Elles furent adroitement menées par le conseiller de Bismarck, Delbrück, qui sut isoler des autres Etats la Bavière, dont les revendications territoriales, destinées à établir la communication avec le Palatinat bavarois, pouvaient leur sembler inquiétantes. Il obtint ainsi pour base de discussion la constitution de la Confédération du Nord. Même après ce succès, il se heurte encore aux exigences de la Bavière, qui tenait au maintien du principe fédératif et à une présidence alternée avec la Prusse. Les dernières résistances furent vaincues, quand Bismarck, flattant la manie romantique du roi Louis II, suggéra que ce fût lui, le glorieux Wittelsbach, qui offrît la couronne impériale à Guillaume Ier. Celui-ci consentit non sans peine à recevoir la dignité impériale, tant il mettait son titre de roi de Prusse au-dessus de celui d'Empereur allemand : malgré tout la proclamation du nouvel Empire, — cérémonie froide, mais imposante, — put avoir lieu à Versailles, le 18 janvier 1871. Bismarck, pour ne pas froisser les particularismes encore soupçonneux, avait promis que l'Alsace-Lorraine, arrachée à la France par la paix de Francfort (mai 1871), allait devenir, non pas domaine prussien, mais « terre d'Empire », c'est-à-dire propriété commune de toute l'Allemagne.

Quelle organisation Bismarck a-t-il conçu pour ce « second Reich », dont il est le véritable fondateur ?

A cet égard, la constitution de la Confédération du Nord, rédigée en 1867, préfigure celle qui, votée par le Reichstag, sera promulguée pour l'Allemagne le 16 avril 1871. L'une et l'autre reposent sur une série de compromis qui confèrent au Reich bismarckien son caractère propre.

Compromis d'abord entre le particularisme séculaire et l'unitarisme centralisateur. Bismarck est demeuré, à travers toute sa vie, même lorsqu'il a été traité de révolutionnaire par les Junkers indignés, un Prussien de la tête aux pieds ; il a voulu l'unité pour la Prusse et en pensant à la Prusse. La Prusse ne s'est donc pas fondue dans le Reich, comme on le souhaitait en 1848 ; elle impose en fait ses directives à l'Allemagne entière. C'est le roi de Prusse qui est, depuis 1867, président de la Confédération depuis 1871, Empereur allemand ; c'est son premier ministre qui exerce les fonctions de Chancelier. C'est enfin le Gouvernement d'Empire, présidé par le Chancelier, qui s'occupe de la diplomatie, de la guerre, de la justice, des voies de communication, des postes, du commerce et des douanes. Et cependant l'Allemagne demeure un Etat fédéral *(Bundesstaat)*, composé de vingt-cinq Etats souverains, chacun gardant sa constitution particulière et ses lois propres, l'autorité des dynasties ou des patriciats était sauvegardée par un Conseil fédéral *(Bundesrat)* : celui-ci est l'expression réelle des souverainetés fédérales intégrées dans la souveraineté du Reich. Il a été certainement dans le vœu de Bismarck de conserver les cadres historiques dans lesquels ont grandi les Etats allemands. Seulement dans ce compromis, il met l'accent sur l'unitarisme, dont le garant est pour lui la puissance prussienne : la Prusse, par le nombre de ses représentants au *Bundesrat*, par son emprise sur les cadres administratifs et militaires, dirige en fait la politique de l'Empire.

Compromis ensuite entre le principe de la monarchie absolue de droit divin et le libéralisme occidental. Dès 1866, alors qu'il s'est agi de donner une constitution à la Confédération du Nord, Bismarck a rompu avec le conservatisme intransigeant des hobereaux prussiens. Le philosophe Stahl lui a enseigné que la monarchie chrétienne n'est légitime que si le Gouvernement accepte de collaborer avec les élus de la nation. Au grand scandale de ses amis politiques, il lui a paru nécessaire d'intégrer dans l'Etat les classes nouvelles que l'industrialisation de l'Allemagne avait fait surgir : la grande bourgeoisie d'affaires, ainsi d'ailleurs que son inévitable satellite, le prolétariat ouvrier. Il estime indispensable de leur fournir cet organe où, à côté de l'aristocratie terrienne, elles pourront faire entendre leurs voix et exprimer leurs légitimes revendications. Aussi, en 1867, a-t-il créé ce *Reichstag* élu au suffrage universel qui entrera en 1871 dans la constitution impériale : il est destiné, dans sa pensée, à faire connaître au Gouvernement les intérêts de la nation ; il sera ce « riche orchestre » qui lui transmettra toutes les résonances populaires ; il représentera, en face du Monarque, toutes ces énergies allemandes qu'il convient de comprendre, pour les unir ensuite en une forte et vivante synthèse. En revanche il est bien convenu que ce Reichstag ne gouvernera pas : car il ne saurait y avoir, dans l'Etat des Hohenzollern, de régime parlementaire. Le Reichstag ne peut, par un vote de défiance, renverser le Chancelier, ni ses six secrétaires d'Etat, — simples commis —, car la responsabilité ministérielle n'existe pas. Le libéralisme bismarckien se fait donc essentiellement corporatif : il ne s'agit pas, dans la pensée du Chancelier, de fournir aux individus une arme contre les abus du pouvoir ; il s'agit de donner une représentation aux divers groupements d'intérêts, afin qu'ils puissent apporter leur collaboration au pouvoir. En d'autres termes, le Reichstag deviendra un instrument de gouvernement. La façon d'ailleurs dont sont taillées les circonscriptions électorales rend facile le contrôle du Gouvernement sur les opérations de vote. Quant aux grands partis politiques, qui représentent les diverses couches sociales, ils vont prendre, selon le vœu de Bismarck, une allure disciplinaire ; et il appartiendra au Chancelier d'établir entre eux les compromis souhaitables. Et c'est en vertu de cette politique réaliste *(Realpolitik)* qui assurera la satisfaction des besoins matériels, qu'il compte obtenir la passivité politique de la nation. Dans cette seconde série de compromis, l'accent a été maintenu sur l'autorité monarchique.

Quel est le sens profond de la réalisation bismarckienne ? Le « chancelier de fer » a considéré que la bourgeoisie allemande était incapable, par ses seules forces, de réaliser l'unité. Aussi a-t-il persisté dans la tradition des Hohenzollern, et c'est pour la grandeur de la monarchie prussienne, servie par sa bureaucratie et son armée, qu'il a réalisé l'unité. Seulement il a estimé qu'il ne pouvait laisser la bourgeoisie en dehors de cette évolution, d'autant plus que son libéralisme économique et national s'accommodait fort bien de la monarchie autoritaire, et dont certains éléments influents avaient soutenu depuis 1862 la formation de la Petite-Allemagne sous le signe du libre-échange et, par suite, l'exclusion de l'Autriche du corps germanique. Il a donc fondu dans la tradition disciplinaire de la Prusse cette bourgeoisie moderne qui lui apportait son esprit d'entreprise et sa puissance réalisatrice. A partir de 1866, c'est un fait que la haute bourgeoisie, organisée en un nouveau parti — le parti national-libéral —, fournit son concours à Bismarck. Ce sont des hommes comme Simson, autrefois

président du Parlement de Francfort, Twesten député de l'opposition à la Chambre prussienne l'historien Sybel, qui soutiennent maintenant leur Chancelier victorieux : signe que la bourgeoisie, faisant le sacrifice de ses aspirations libérales, s'est ralliée au Reich nouveau. Elle est devenue, à côté de l'aristocratie, qui continue à fournir les cadres de l'armée et de la haute bureaucratie, cette classe dirigeante au profit de laquelle fonctionne le puissant organisme politique que Bismarck a forgé. Elle tend d'ailleurs à se « féodaliser », en pénétrant par la voie du mariage et du service militaire dans cette noblesse, et en adoptant ses mœurs et son état d'esprit.

L'hégémonie prussienne apparaît donc après 1871 comme une nécessité inéluctable : l'intelligence allemande a capitulé devant elle. Non seulement, après Sadowa et Sedan, elle admet la victoire du prussianisme, mais elle s'efforce d'y discerner une philosophie et de l'imposer à la pensée allemande. Ce fut là principalement l'œuvre d'Henri de Treitschke, qui enseigna vingt ans à l'Université de Berlin, et dont les ouvrages sont conçus à la gloire de la politique bismarckienne. On y lit l'apologie de la raison d'Etat, du sacrifice librement consenti de chaque individu à la puissance collective, de la guerre qui est la véritable école des nations. On y discerne une amère ironie à l'égard du libéralisme occidental et des rêves d'organisation internationale de la paix. Sa *Politique*, publiée en 1889, peut se résumer en cette vigoureuse formule : « Le droit est la politique bien comprise de la puissance. »

CHAPITRE IV

L'EMPIRE ALLEMAND (1871-1918)

La Constitution allemande de 1871 peut se définir comme une série de compromis. Mais la solidité de ces compromis repose entièrement sur la personne du Chancelier, maître de l'organisation impériale, régulateur de tous les pouvoirs, responsable de la politique générale devant l'Empereur. Tant que Bismarck a vécu pour défendre lui-même son œuvre, l'immense construction a tenu. Que vienne à disparaître l'homme providentiel, que le gouvernail passe en les mains maladroites et sous la direction incohérente de Guillaume II, de sinistres craquements ne tarderont pas à se faire entendre, et l'Empire sera entraîné en 1918 à un désastre définitif.

La chute de Bismarck, en 1890, permet donc de diviser en deux parties l'histoire de l'Empire allemand.

I. — Le Reich bismarckien (1871-1890)

Le compromis fédéral n'a pas causé à Bismarck les difficultés qu'il attendait. L'histoire intérieure se développe régulièrement à partir de 1871 dans le sens de l'unité. Tandis que les rivalités des souverains apparaissent comme choses d'un autre âge, l'unitarisme a pour lui la majorité des partis politiques, donc la majorité de la nation, qui sent d'instinct que l'avenir appartient à l'unification des énergies allemandes. Aussi le pouvoir central n'a-t-il pas tardé à empiéter dans les domaines où les Etats avaient en principe une législation exclusive ; on assiste à la disparition, au profit du mark, des monnaies régionales, à la création d'une *Reichsbank*, au perfectionnement de l'appareil administratif et militaire : le service obligatoire tend à unifier les populations du Reich. A cette tendance unificatrice, la Prusse prétend, quant à elle, ne pas se sacrifier : sans doute Bismarck impose-t-il aux hobereaux quelques concessions au sujet de leurs droits de justice et de police dans leurs domaines. Mais c'est la mentalité juridique et bureaucratique de la Prusse qui forge l'Allemagne moderne, et Bismarck ne favorise l'unitarisme que dans la mesure où il lui assure la direction de l'Empire.

Au premier plan de la vie politique, on voit maintenant se dérouler le conflit des partis qui luttent pour le pouvoir. Bismarck va-t-il maintenir, comme il l'a conçu, le compromis entre l'absolutisme monarchique et le libéralisme parlementaire ? Pourra-t-il obtenir des partis qu'ils intègrent dans le Reich les grandes forces sociales dont ils sont les représentants ?

Dans les années de l'Empire, quatre partis ont joué un rôle essentiel sur la scène politique.

Le *Parti conservateur*, qui a, en 1871, pour le Chancelier les sentiments que l'on nourrit à l'égard d'un transfuge, domine à l'est de l'Elbe, pays de grande propriété. C'est dans l'aristocratie, — et c'est ce qui donne aux conservateurs leur puissance considérable —, que se recrutent le corps des officiers prussiens et celui de la haute bureaucratie. Par tradition, ils étaient attachés à la prérogative royale, à l'armée, à l'Eglise luthérienne, à l'alliance du trône et de l'autel. Du point de vue économique, ils tendent à prendre en mains les intérêts paysans, par conséquent adoptent un programme protectionniste. A leur gauche, la *Deutsche Reichspartei*, moins intransigeante, a accepté sans restriction la constitution de 1871.

En face d'eux, les *nationaux-libéraux*, groupés en parti depuis 1867, et constituant depuis lors la majorité sur laquelle s'appuie Bismarck, représentent les intérêts de la grande bourgeoisie. Leur état-major est formé de Néo-Prussiens (même de Hanovriens ralliés comme Bennigsen) ou d'Allemands du Sud (Bade, Wurtemberg). Industriels, commerçants, professeurs d'Universités, ils se montrent volontiers plus nationaux que libéraux, soucieux surtout de libertés économiques et d'apparences parlementaires. Ils sont résolument libre-échangistes. A leur aile gauche, les « progressistes », héritiers du libéralisme de 1848, dispersés dans quelques villes (à Kōnigsberg par exemple), ne sont qu'une minorité d'intellectuels, sans aucune autorité.

Le *centre catholique*, qui fait son apparition en tant que parti en 1871, est une des créations les plus originales de la politique allemande. Alors que les partis allemands représentent de plus en plus des groupements sociaux et des intérêts matériels lui, le Centre, défend un principe idéal : celui de la religion catholique dans un pays aux deux tiers protestant. Un parti catholique s'était constitué en Prusse au cours de la Révolution de 1848, et avait mis l'accent sur les libertés nécessaires de l'Eglise dans l'Etat. Ses revendications avaient pénétré en 1850 dans la constitution prussienne ; et, dans toute l'Allemagne, des catholiques avaient obtenu un ensemble de concessions qu assuraient largement l'indépendance nécessaire à l'exercice du culte. Le Centre n'avait pas à proprement parler, en dehors de la défense des intérêts catholiques, de programme politique et social, car il comprenait des membres appartenant aux conditions sociales les plus diverses : grands seigneurs catholiques de Silésie, aristocrates bavarois, populations industrielles et rurales de la vallée du Rhin. Mais cette diversité même lui permettait de s'orienter aisément tantôt à droite, tantôt à gauche.

La *social-démocratie* ne représente, en 1871, au Reichstag qu'une infime minorité qui ne va pas tarder cependant à jouer un rôle considérable. Le premier parti socialiste, — l'Association générale des ouvriers allemands —, a été fondé en 1863 par Lassalle. Contre la bourgeoisie libérale qui, avec l'économiste manchestérien Schultze-Delitzsch, essayait alors d'organiser au profit de la classe ouvrière des Coopératives de consommation et de crédit, Lassalle proclame brutalement l'existence de la loi d'airain, et la nécessité inéluctable de la lutte des classes. Mais les tendances autoritaires, monarchiques et« petit-allemandes» de Lassalle furent utilisées par Bismarck contre les milieux de la bourgeoisie libérale avec lesquels il était alors en conflit ; et c'est à la suite de conversations avec Lassalle qu'il songea, dans l'espoir de briser l'opposition, à accorder le suffrage universel. Cependant, après la mort de Lassalle (1864), les tendances marxistes, représentées en Allemagne par Bebel et Liebknecht, n'avaient pas tardé à l'emporter. Bien que les deux chefs, qui avaient protesté contre l'annexion de l'Alsace et de la Lorraine, eussent été en 1872 condamnés à deux ans de forteresse, leur propagande se poursuivit. Quand se fit au *Congrès de Gotha* (1875) l'union des deux groupements socialistes, ce fut au profit de la tendance révolutionnaire, internationaliste et matérialiste, bien que, — il faut le reconnaître —, les revendications pratiques du parti fussent fort modérées et les méthodes de violences provisoirement répudiées. Avec son journal, le *Vorwaerts*, et une presse très abondante, la social-démocratie exerçait une emprise grandissante sur les masses ouvrières et petit-bourgeoises.

A l'égard des partis politiques, le point de vue de Bismarck est indifférent à tout dogmatisme : il voit en eux des moyens de gouverner. Il est décidé à choisir, parmi eux, sa majorité, concluant avec qui bon lui semble des alliances provisoires. Sa politique repose donc sur des compromis momentanés et des majorités de rechange. Seulement il sait parfaitement que, si les conservateurs et les nationaux-libéraux sont des partis de Gouvernement, — expression de cette oligarchie dirigeante qui a en mains les destinées du Reich —, il lui faudra combattre le Centre sur le plan confessionnel et la social-démocratie sur le plan social, pour intégrer au Reich catholiques et ouvriers. La lutte contre le catholicisme politique et le socialisme révolutionnaire ont occupé les vingt dernières années de sa vie politique.

De 1871 à 1878 son Gouvernement s'est appuyé sur les partis nationaux-libéraux. C'est en faisant appel aux tendances libérales et anticléricales de ce parti qu'il va diriger le combat contre le confessionnalisme romain, engager, comme l'a dit le naturaliste **Virschow,** la lutte contre l'obscurantisme, le *Kulturkampf*. Dans le cours de sa carrière politique, Bismarck n'a pas cessé de se heurter au catholicisme. Il n'ignore pas que les catholiques ont toujours formé des vœux pour la victoire autrichienne, qu'ils demeurent au fond du cœur fédéralistes, adversaires de l'hégémonie prussienne ; qu'ils soutiennent les revendications des minorités nationales, Alsaciens et Polonais ; qu'admirablement organisés du point de vue social, ils préconisent selon les idées de l'évêque de Mayence, Mgr **Ketteler,** l'union syndicale et coopérative des ouvriers sous l'égide de l'Eglise, et qu'ils exercent de ce fait sur de nombreux esprits une influence excessive ; enfin que, partisans de l'ultramontanisme, ils ne se considèrent qu'au second chef citoyens allemands. Il a été exaspéré d'autre part par la prétention récente du Centre de l'entraîner dans une croisade pour le rétablissement du pouvoir temporel du Pape, qui vient d'être détruit (1870). Le Concile du Vatican et la proclamation de l'infaillibilité pontificale mirent le feu aux poudres : Bismarck protégea en effet contre les anathèmes ecclésiastiques, les professeurs « vieux-catholiques » qui, avec le chanoine **Döllinger,** repoussaient le nouveau dogme. De 1871 à 1875, il obtint du Landtag prussien ou du Reichstag le vote d'une série de lois, — les lois de mai, — dont l'auteur est le ministre des Cultes **Falk,** qui limitaient les privilèges scolaires de l'Eglise et le nombre des couvents, obligeaient les futurs clercs à étudier dans les Universités d'Etat, laïcisaient l'état civil et expulsaient les Jésuites. Il s'agissait, dans la pensée de Bismarck, d'enlever à l'Eglise les armes dont elle disposait sur les consciences pour les donner à l'Etat ; non d'anéantir la religion chrétienne, mais de faire connaître au catholicisme la souveraineté indiscutable de la loi. Le conflit prit un caractère d'une extrême violence : les relations avec Rome furent rompues, l'archevêque de Posen incarcéré ; en 1875, sur les douze évêchés de Prusse, huit étaient vacants ; l'archevêque de Breslau avait dû se réfugier en Autriche, celui de Cologne en Hollande.

Cependant le Chancelier se heurtait au Reichstag à une opposition très remarquable, menée par le Hanovrien Windthorst. D'autre part, Bismarck blessait les sentiments religieux du Roi et d'une grande partie de la noblesse de Prusse. Lui, qui avait déclaré « qu'il n'irait pas à Canossa », jugea préférable de ne pas porter les choses au pire et de composer avec ses adversaires. L'avènement d'un nouveau pape, Léon XIII, qui se montra plus conciliant, facilita cette évolution (1878). Les lois de mai cessèrent progressivement d'être appliquées : du *Kulturkampf*, il ne resta plus en vigueur que le mariage civil et l'expulsion des Jésuites.

Des historiens ont prétendu que le *Kulturkampf* s'était terminé par la victoire du catholicisme : de fait le Centre était sorti renforcé de la longue crise, et il allait prendre dans la politique allemande une place de premier rang. En revanche il faut reconnaître que Bismarck a réussi à organiser les rapports de l'Eglise et de l'Etat de façon à sauvegarder très suffisamment les droits de l'Etat, mais de manière assez libérale cependant pour donner aussi satisfaction aux droits de l'Eglise et réconcilier le Centre catholique et particulariste avec le nouvel Empire. En somme il a réussi à intégrer le grand parti catholique dans le Reich des Hollenzollern, et à en faire un instrument loyal de sa politique. Les tendances du Centre vont dorénavant se rencontrer tout naturellement avec celles du Gouvernement impérial ; s'il est vrai en effet que le pouvoir central se donne pour mission d'établir des arbitrages entre les divers partis en présence, quoi de plus naturel qu'il cherche son point d'appui principal dans un parti dont la ligne de conduite résultait précisément déjà d'un compromis entre les tendances conservatrices et démocratiques ?

Quand Bismarck s'est réconcilié avec le Centre, il a déjà rompu avec les nationaux-libéraux. Par un mouvement de bascule, qui illustre à merveille sa politique de compromis, il a jugé nécessaire de prendre en main les intérêts des agriculteurs allemands, qui réclamaient des tarifs protecteurs. D'autre part, les nationaux-libéraux ne semblent pas disposés à lui accorder au Reichstag les lois restrictives qui lui étaient nécessaires pour lutter maintenant contre le socialisme révolutionnaire. Aussi, après les élections de 1878, abandonne-t-il son ancienne majorité pour s'appuyer sur les conservateurs et sur le Centre. A la suite d'un attentat contre Guillaume Ier, il obtient du Reichstag le vote d'une série de mesures qui rendent au parti social-démocrate, dont l'état-major doit se transporter en Suisse, toute propagande impossible. Mais il ne lui suffit pas de combattre les socialistes, il veut détruire leur influence par des mesures de protection sociale. Son effort va viser à se concilier les classes laborieuses, reprenant la vieille conception prussienne selon laquelle le prince, en bon père de famille, doit veiller au bien-être matériel de ses sujets : le *Landrecht* prussien n'admet pas, en effet, que personne meure de faim dans le royaume. Avec l'appui de certains professeurs, les socialistes de la chaire — Wagner, Schmoller — et de gros industriels, comme le baron von Stumm, le magnat de la Sarre, il inaugurera une politique de socialisme d'Etat : de 1883 à 1890 s'échelonne le vote d'une série de lois d'assistance ouvrière qui organisent des Caisses d'assurance contre la maladie et les accidents, et des Caisses de retraite pour les vieillards et les infirmes. L'Allemagne a été ainsi dotée d'une remarquable législation sociale. Mais, du point de vue politique, le résultat ne fut pas aussi heureux ; les ouvriers continuèrent à voter pour les sociaux-démocrates.

Malgré ses succès incontestables, il ne faut pas se dissimuler ce qu'il y a de fragile et d'artificiel dans la conception bismarckienne.

Le Chancelier ressentait de plus en plus vivement, dans les dernières années de son Gouvernement, la précarité de son œuvre. C'est par des prodiges d'équilibre qu'il parvenait à garder un Reichstag docile. Aussi a-t-il sérieusement songé à un coup de force contre le Parlement. Quand, après le très court règne de **Frédéric III** (1888), **Guillaume II** (1888-1918) qui désirait gouverner par lui-même et qui ne s'entendait avec lui ni sur la politique intérieure, ni sur la politique extérieure, lui demanda sa démission (1890), il lui laissa une machine qui ne pouvait fonctionner que grâce à lui. Ce n'était pas le nouvel Empereur, conscient de ses prérogatives et de ses devoirs, mais impétueux, bavard et impulsif, qui était capable de prendre une telle succession. L'histoire du règne wilhelmien sera celle d'une crise, et d'une crise qui ne pouvait aboutir qu'à une catastrophe.

II. — Le Reich wilhelmien (1890-1918)

Depuis la guerre de 1871 jusqu'à celle de 1914, le fait saillant est, avec l'accroissement de la population, qui passe de 41 à 67 millions, le frénétique développement de l'industrialisation, qui assimile par plus d'un côté l'Allemagne aux Etats-Unis. Déjà la période bismarckienne avait été marquée par un progrès considérable de l'industrie, qui, malgré la crise survenue en 1873 et une certaine stagnation qui se poursuit jusqu'au milieu des années 90, n'avait pas tardé à prendre le pas sur l'agriculture. Marqué par de courtes crises en 1893, 1901, 1907 et 1913, l'essor avait atteint son apogée sous Guillaume II. De cet essor, l'on connaît les causes multiples : d'abord la richesse minière du sous-sol ; puis l'union intime de la science et de l'industrie, qui fournit à chaque usine l'emploi d'admirables laboratoires ; l'audace et l'ampleur de vues d'un patronat ambitieux et qui réalise les types les plus remarquables de concentration horizontale et verticale ; le développement des cartels ; l'emploi d'un corps de commis-voyageurs connaissant à merveille les goûts et les besoins de la clientèle étrangère ; la liaison établie entre l'industrie et les grandes banques. Mais, il y a bien évidemment le revers de la médaille : les activités créatrices risquent de se trouver enchaînées par leur propre dynamisme ; et le développement de la production n'est possible que par la découverte constante de nouveaux débouchés. Au cours de l'ère wilhelmienne, les exportateurs allemands ont remporté des succès considérables sur les marchés et ont souvent supplanté les vieilles puissances industrielles. Ce progrès pourra-t-il être indéfiniment maintenu ?

A cette situation économique répond une crise sociale dont la gravité n'échappe guère, malgré une prospérité apparente, aux observateurs perspicaces. Les classes dirigeantes, — propriétaires terriens, industriels, commerçants ou banquiers —, ne dépassent pas, en 1914, un demi-million d'individus. En face d'eux s'étend un immense prolétariat qui compte trente millions de personnes. Entre ces deux éléments s'étend la classe moyenne — cultivateurs, artisans, petits patrons, petits fonctionnaires et gens des professions libérales. Or ceux-ci sont guettés de plus en plus par la prolétarisation. Il n'y a (si l'on met à part la forte émigration) d'autre exutoire pour le progrès démographique que dans le travail, dans les occasions qu'offrent à l'ouvrier et à l'employé l'industrie et le commerce. Que viennent les crises, et leurs effets sont redoutables. La vulnérabilité du peuple allemand augmente, et il n'y a nulle autre solution pour son bien-être qu'une activité et une expansion sans cesse accrues.

L'Allemagne donne l'impression, à l'époque wilhelmienne, d'un pays qui, pauvre autrefois, s'est enrichi trop rapidement. C'est une classe sans style de vie, sans envergure de pensée, sans tradition philosophique, et, ce qui est plus grave encore, sans préoccupation politique. Elle est la victime de cette extraordinaire prospérité économique que toute l'Europe admire alors sans réserve. Quant au prolétariat ouvrier, il est entraîné lui aussi dans cet immense travail d'enrégimentement. Certes, il n'est pas misérable dans son ensemble. Mais c'est précisément ce bien-être relatif qui lui fait accepter la différence grandissante entre les riches et les pauvres, tuant par conséquent en lui l'esprit révolutionnaire : le « révisionnisme » de Bernstein, qui trouve un large écho dans les milieux syndicaux vers 1900, condamne la théorie marxiste de l'aggravation des crises économiques, ainsi que la doctrine de la lutte des classes, et met l'accent sur une politique purement réformiste. Le « révisionnisme » marque ainsi un goût croissant pour la coopération avec l'Etat, avec cet Etat-providence qui, sous Guillaume II, a perfectionné encore la législation sociale fondée par Bismarck. Ainsi se trouve réalisée « l'intégration négative » d'un prolétariat, dont le sort matériel va en s'améliorant, mais qui pourtant, du fait de la volonté des classes dirigeantes, reste en dehors de la société et de l'Etat. Peu à peu le socialisme allemand s'est fait une place bourgeoise dans le cadre du système capitaliste, qu'il ne tente pas sérieusement de changer ; il s'absorbe dans une organisation de masses visant à accroître leur bien-être. Bref, la nation allemande tout entière, telle qu'elle est issue de l'industrialisation, est emportée, désarmée, dans le tourbillon fatal qu'a créé le gigantesque mouvement des affaires.

A cette crise économique et sociale correspond une crise politique, une crise de Gouvernement : à la dictature souple de Bismarck a fait place la dictature incohérente de l'Empereur.

A l'intérieur comme à l'extérieur, Guillaume est d'ailleurs incapable de manier l'héritage, délicat il est vrai, que lui a laissé Bismarck. Jouet de conseillers irresponsables — Eulenbourg, Holstein —, il est très accessible aux pressions secrètes, facile à ma-

nœuvrer dans sa puissance toute de façade ; et ce n'est pas à tort qu'on a parlé d'une cour « byzantine ». Des successeurs de Bismarck à la chancellerie — Caprivi, Hohenlohe, Bulow, Bethmann-Hollweg —, Bulow seul (1900-1909) a quelque envergure, mais non l'autorité nécessaire pour exercer un pouvoir que Bismarck avait créé à sa taille. Ils ont devant eux des partis de plus en plus « socialisés », qui représentent des intérêts économiques difficilement conciliables, et qui sont par suite ingouvernables. On put croire à l'issue de l'affaire du *Daily Telegraph* — une interview où, inconsidérément, Guillaume II avait déclaré avoir lui-même fourni aux Anglais le plan de guerre contre les Boers — que l'Empereur serait obligé de transformer le Gouvernement en un sens parlementaire (1908) ; en fait l'incident n'aboutit qu'à la chute de Bulow, accusé d'avoir mal défendu son maître. L'affaire de Saverne — un officier allemand avait compromis le prestige allemand en Alsace par des mesures brutales contre la population — ne parvint pas non plus à ébranler sérieusement le Gouvernement : la protestation du Centre et de la social-démocratie au Reichstag fut étouffée, sur ordre de l'autorité militaire. A vrai dire, le Parlement est incapable de saisir et d'exercer le pouvoir. L'importance prise à la veille de la Grande Guerre par la social-démocratie qui, aux élections de 1912, devient au Reichstag le parti le plus important, prouve que le système inauguré par Bismarck fonctionne mal ; elle crée un état de tension intérieure que le ministère ne maîtrise pas entièrement. Mais, d'autre part, les partis de gauche n'ont pas assez d'expérience politique pour renverser les castes dirigeantes et leur substituer un régime parlementaire. Confiant dans une révolution que ses principaux théoriciens comme Kautsky lui présentaient comme inévitable, le parti social-démocrate, si l'on excepte une gauche dirigée par Karl Liebknecht et Rosa Luxemburg, ne songe pas à mettre en question par la violence l'ordre établi.

A l'extérieur, Guillaume II n'a pas été non plus capable de poursuivre l'œuvre bismarckienne. La préoccupation principale du grand Chancelier avait été de maintenir la France dans l'isolement ; contre elle il a organisé avec l'Autriche et l'Italie la Triple-Alliance (1882) ; mais en même temps, par un traité de réassurance (1887), il a su conserver la Russie dans son système, malgré les intérêts divergents russes et autrichiens dans les Balkans. Politique difficile certes, reposant sur un équilibre toujours instable, mais qui avait laissé à l'Allemagne une place prépondérante en Europe. Or Guillaume II compromit ce bel équilibre : dès 1893 il laissait conclure l'alliance franco-russe ; par son programme de constructions navales, il s'aliénait l'Angleterre qui se réconciliait avec la France (1904) et entrait dans la Triple-Entente. Ses efforts enfin pour rompre soit par des flatteries, soit par l'intimidation le réseau d'alliances qui s'était formé contre lui échouait totalement. Isolée en Europe, l'Allemagne doit s'appuyer de plus en plus sur l'Autriche-Hongrie, son « brillant second », par laquelle elle se laisse entraîner dans les complications balkaniques et finalement dans la guerre. Le résultat a été d'éveiller en Europe des craintes d'autant plus vives que l'Empereur — contrairement à Bismarck, qui avait maintenu à sa diplomatie un caractère européen — aime à parler de la « politique mondiale » de l'Allemagne, exalte sa mission colonisatrice et s'efforce de faire de tout le Proche-Orient un véritable protectorat allemand (concession par la Turquie du chemin de fer de Bagdad). En Allemagne même, les réactions européennes que soulève la politique impériale font surgir l'idée d'encerclement, dont on rend l'Angleterre particulièrement responsable.

Devant les difficultés intérieures et extérieures, l'Empire n'a qu'une solution : le développement des armements, qui assurera à l'Allemagne l'acquisition de nouveaux marchés, et par suite le maintien de la production industrielle et de la prospérité matérielle. On sait que la création d'une puissante flotte de guerre, la deuxième du monde, fut l'œuvre personnelle de Guillaume II, si l'amiral Tirpitz, secrétaire d'Etat à la Marine, en fut l'exécuteur; ce faisant, le gouvernement allemand prit le risque d'un conflit avec la Grande-Bretagne, qui, après l'échec des négociations de 1912, se trouva de ce fait rejetée vers les puissances de l'Entente. Quant à l'armée de terre, elle vit sans cesse augmenter ses effectifs et se perfectionner son armement, surtout dans le domaine de l'aviation et de l'artillerie lourde; et les crédits nouveaux réclamés en 1912 et en 1913 furent votés par tous les partis allemands, y compris les sociaux-démocrates, que l'on avait préalablement assagis en créant un impôt sur la fortune constituée. Sur le plan militaire, le Gouvernement peut donc compter sur l'unanimité de l'opinion publique qui, bien plus que de la conquête de libertés politiques, se préoccupe du rôle que doit jouer le Reich dans le monde, de « la place au soleil » à laquelle il a droit. L'Allemagne s'habitue à l'idée qu'elle devra, un jour prochain, soutenir par les armes la situation politique et économique du pays.

Les classes dirigeantes allemandes n'ignorent pas dans quel sens évolue l'Allemagne. Mais elles ne veulent pas abdiquer le pouvoir et cherchent au contraire à accroître leur emprise sur les masses. L'impérialisme est à leurs yeux un moyen de détourner l'attention des masses des difficultés intérieures et d'empêcher l'évolution du régime vers le parlementarisme, en exaltant l'idée de puissance, dirigée tantôt contre l'Angleterre, tantôt contre les pays slaves. Il s'agit donc pour elles d'un « impérialisme social », qui met la politique extérieure au service de la conservation d'un ordre politique et social menacé et pour la défense duquel agrariens protectionnistes et industriels expansionnistes font taire leurs divergences économiques et pratiquent une politique de « rassemblement » des forces conservatrices favorisée par Bismarck et poursuivie par ses successeurs. A la fin du XIXe siècle, outre qu'ils ont acquis par la création d'une Ligue des Agriculteurs une partie importante de la clientèle paysanne, les conservateurs ont développé une puissante offensive pour faire pièce aux révolutionnaires dans les centres urbains ; Stöcker, pasteur à la Cour, a créé à l'ombre du parti conservateur, le parti « chrétien-social », qui a mis l'accent sur un socialisme anti-sémite. Dans le même esprit, mais avec une nuance plus démocratique, Frédéric Naumann a voulu faire appel, pour les rallier à l'Etat, à l'exaltation du patriotisme des masses. Ils n'ont pas obtenu le succès espéré.

Mais, depuis l'avènement de Guillaume II, les classes dirigeantes tentent de répandre cette propagande pangermaniste qui permettra, le jour venu, que la nation consente aux sacrifices exigés par la guerre. Si l'Empereur s'est, en effet, montré incapable d'être le « conducteur » attendu, les services — bureaucratie et Etat-major — sont restés tout-puissants. L'Etat-major notamment a lentement étendu ses fonctions, envahi peu à peu le domaine des administrations civiles : la conception de la guerre totale exige en effet sa mainmise sur toutes les ressources matérielles et morales de la nation ; ses compétences sont devenues universelles. Or l'Etat-major est resté fidèle à la doctrine exprimée par Clausewitz au début du XIXe siècle, selon laquelle, la guerre n'étant que la continuation de la politique sous d'autres formes, il ne saurait y avoir inertie ni stagnation, mais accroissement continuel des forces nationales. Comme il a sa politique, fondée sur l'emploi raisonné de l'intimidation, l'Etat-major a aussi sa philosophie ; l'auteur de *Notre avenir* (1911), Frédéric von Bernhardi, fait l'apothéose de la guerre, qui est favorable à la sélection du plus fort, qui exalte les facultés humaines, détruit les illusions, et oblige les peuples à ramasser toutes leurs forces et à se donner tout entiers, sans rien réserver.

L'ensemble de ces idées apparaît d'autant plus redoutable que, par suite de la déformation de la biologie, une fraction de l'intelligence allemande s'oriente vers une philosophie raciste et une religion de pure appartenance nationale. A cet égard l'on ne s'exagérera pas le rôle de **Richard Wagner** : c'est lui qui, en fondant le théâtre de Bayreuth, à l'époque même des grands triomphes de l'unité allemande, a appris aux Allemands à communier dans une même religion nationale. Son théâtre n'est-il pas, avec *Siegfried*, l'exaltation de la pure race germanique, sans peur et sans scrupule, qui oppose sa force conquérante à un monde corrompu par l'or ; avec les *Maîtres Chanteurs de Nuremberg*, une démonstration triomphante à la gloire de l'art allemand ; avec *Parsifal*, une invitation à se recueillir religieusement auprès du Saint-Graal, le sang de la race germanique, destiné à régénérer l'humanité ? Parti du pessimisme schopenhauérien, qui s'exprime dans *Tristan* par l'aspiration de l'âme vers le nirvanâ, vers la Nuit libératrice et la grande paix de la mort, Wagner s'est haussé à une doctrine de régénération par l'humanité germanique, donnant à son œuvre une extraordinaire puissance d'exaltation. C'est à Bayreuth que s'est constitué, parmi un public de fidèles recueillis, le premier foyer de culture « raciste » en Allemagne. Qui s'étonnera alors que ce soit Houston Stewart Chamberlain, le gendre du génial compositeur, qui ait apporté au pangermanisme, dans ses *Assises du XIXe siècle*, sa théorie raciale ? N'a-t-il pas appris du Français Gobineau, hôte familier de Bayreuth, que la supériorité de toutes les grandes civilisations était due au sang germanique ? Chamberlain sait, lui, que les races ne sont pas pures, comme l'ont prétendu audacieusement, en parlant des nordiques, Wilser et Woltmann ; mais il estime que l'Allemagne peut s'élever à la pureté raciale, en extirpant d'elle-même le principe corrupteur, le Judaïsme. Il croit savoir que Jésus n'est pas un Juif, mais un Aryen, que les Germains, héritiers de son enseignement, détiennent la forme véritable du christianisme. C'est à eux qu'il reviendra de délivrer l'humanité des fausses Internationales, à l'origine desquelles l'on retrouve toujours le judaïsme : l'internationale catholique, la capitaliste et la socialiste. Et les pangermanistes de spéculer, après Chamberlain, sur le rôle que saint Paul a joué dans la corruption interne du christianisme, sur la part que les Juifs ont prise à l'édification du système libéral, enfin sur l'importance des intellectuels juifs dans l'élaboration du monde moderne.

Cette critique des Internationales se rattache étroitement à la pensée de Nietzsche, dont l'influence fut si profonde en son temps. Nietzsche, certes, eût protesté contre toute tentative pour ramener sa philosophie au pangermanisme : il s'en éloigne en effet par sa haine de la politique et des fantaisies racistes. Mais n'est-il pas possible d'invoquer, en déformant le sens de son œuvre, son apothéose de la volonté de puissance, son mépris du nivellement démocratique et du pacifisme humanitaire, sa haine du christianisme, religion de faiblesse et de pitié ? Il est le penseur qui a enseigné qu'il existait deux morales, celle des chefs et celle du troupeau, celle des maîtres et celle des esclaves : admirable argument pour les classes dirigeantes, avides de maintenir les masses dans une organisation disciplinaire.

C'est ici qu'il faut faire intervenir l'action de la Ligue pangermaniste *(Alldeutscher Verband)*, fondée en 1891, sous l'influence d'un certain nombre de coloniaux, d'hommes d'affaires et de députés de droite et qui fut dirigée par H. Hasse et H. Class. Les écrits divulgués par ce groupement préconisent l'incorporation à l'Allemagne de tous les pays de langue allemande, l'utilisation de l'émigration allemande à des fins impérialistes, la poussée vers l'Est ; ils utilisent les écrits de C. Frantz — l'un des adversaires de la Petite Allemagne de Bismarck — sur l'organisation fédérale d'une *Mitteleuropa*, ceux de P. de Lagarde, qui définit l' « Eglise et la religion en fonction de l'Etat allemand, les conceptions expansionnistes du géographe Ratzel et de l'historien Lamprecht. Quelle fut l'influence de cette Ligue ? Le gouvernement, dont elle rend la tâche difficile, s'en méfie. Ses effectifs d'ailleurs n'ont jamais été considérables, mais il n'est pas douteux qu'elle corresponde aux vues d'une partie des classes dirigeantes, et en particulier du corps enseignant.

Voilà qui explique l'aisance avec laquelle l'Allemagne a été entraînée dans la guerre qui fut pour elle une guerre « préventive » engagée à un moment où le rapport des forces lui était encore favorable, et selon un plan que certains ont estimé depuis longtemps médité. Par les ambitions soulevées, par les craintes suscitées dans le monde, les classes dirigeantes allemandes portent pour une grande part la responsabilité de la guerre de 1914. Il semble que, quand éclata la redoutable crise de juillet 1914, elles n'aient pas cherché à en empêcher le développement fatal : bien au contraire, en donnant à l'Autriche-Hongrie un blanc-seing dans son conflit avec la Serbie, le gouvernement de Berlin a pris consciemment le risque calculé d'une guerre qui pourrait

s'étendre à l'Europe toute entière. A vrai dire, dans les derniers jours de la crise, c'est l'Etat-major qui domine les décisions des gouvernants eux-mêmes : il précipite la guerre, parce que le plan qu'il a élaboré prévoit l'anéantissement de la France avant celui de la Russie, et que tout retard permettait aux Russes de compléter leurs préparatifs.

La guerre mondiale a attesté d'une façon éclatante l'empire que les classes dirigeantes ont acquis sur toute la vie allemande. Ce sont elles qui imposent entièrement, par l'entremise de l'Etat-major, leur volonté non seulement au Reichstag, mais encore à l'Empereur, jugé trop faible. En face d'elles, la bourgeoisie et le prolétariat se sont montrés incapables de réagir et, à plus forte raison, de ressaisir le pouvoir avant que ne survienne le désastre où ils étaient conduits à leur insu.

Dès le mois d'avril 1914, le Reichstag a voté les crédits militaires, et la social-démocratie s'est associée à ce vote. Dès le début des hostilités, le Parlement s'est séparé, laissant entièrement au Gouvernement la direction de la guerre. Au fond, l'union sacrée, le fameux *Burgfrieden*, n'est que passivité voulue et ignorante immobilité. Quand l'échec de la Marne (septembre 1914) eût entraîné une guerre défensive à longue durée, et que le blocus naval de l'Angleterre eût obligé le Reich à s'organiser en une économie de guerre, la crise du ravitaillement, les souffrances de toute sorte, provoquèrent dans la masse un mécontentement général qui crût à mesure que la guerre se prolongeait. Mais cette fureur fut élémentaire et ne parvint pas à s'exprimer d'une façon politique : les partis demeurent divisés en présence d'une clique qui continue à entretenir d'enivrantes illusions et à élaborer des programmes d'annexion dont Bethmann-Hollweg avait fixé lui-même les grandes lignes dans son mémoire de septembre 1914 : tel le manifeste des grandes associations allemandes (mars 1915), qui exige la Belgique, la ligne de la Meuse et de vastes territoires de colonisation agricole à l'est. Le projet de *Mitteleuropa* de Fr. Naumann (1915) qui repose sur l'organisation d'une union douanière austro-allemande, se heurte lui-même à l'opposition des pangermanistes. Jusqu'à la fin de la guerre, l'Etat-major voudra maintenir dans ses buts de guerre l'incorporation de la Belgique. Seul un petit groupe de sociaux-démocrates, qui a fondé en 1917 le Parti socialiste « indépendant » met en cause le bellicisme des classes dirigeantes, tandis que, en son sein, Karl Liebknecht, animateur de la Ligue spartakiste, organise l'agitation dans les grandes villes. Quant au Chancelier, il amuse les partis par la promesse d'une réforme du système électoral prussien, que refuse d'ailleurs obstinément le *Landtag*, expression des intérêts conservateurs.

L'euphorie fut maintenue à travers l'année 1915 par les grandes victoires sur le front russe, qui chassèrent l'ennemi de Pologne et, après l'échec allié de Gallipoli, par la conquête de la Serbie. Cependant, en 1916, la situation intérieure du Reich s'aggrava ; il dut renoncer, pour ne pas provoquer la rupture avec les Etats-Unis, à la guerre sous-marine ; la « stratégie d'épuisement » a échoué à Verdun contre la France, qui a pu même, en juillet, attaquer en Picardie ; la bataille navale du Jutland n'a pas réussi à desserrer le blocus : échecs que ne compense pas la conquête de la Roumanie, avec ses blés et ses pétroles. Mais quand des signes de lassitude se firent jour dans le Reich, l'Etat-major sut imposer sa volonté à l'Empereur qui dut confier le commandement suprême des armées au maréchal Hindenburg, assisté de Ludendorff (août 1916). Dès lors l'unité complète de tous les pouvoirs est réalisée au profit des deux chefs militaires. La suprématie impériale s'efface ; la direction totale du Reich est abandonnée par les pouvoirs constitutionnels entre les mains des généraux, qui s'emparent d'une véritable dictature.

On ne peut nier que Ludendorff mette sur pieds d'une façon remarquable la défense de l'Allemagne : il organise un vaste programme de fabrication de guerre et la mobilisation effective de toute la population ; il reprend avec succès la guerre sous-marine à outrance ; il fait échouer la double offensive franco-anglaise du Chemin des Dames et de l'Artois (avril 1917) ; il accélère la décomposition de l'armée russe. Mais il n'en poursuit pas moins, comme politicien, une chimère irréalisable, à savoir la paix victorieuse, voilant systématiquement au peuple allemand la sombre vérité. Devant l'Etat-major, tous les pouvoirs doivent s'incliner : quand, pour calmer l'agitation socialiste, Guillaume fait savoir dans son Message de Pâques (avril 1917) la fin prochaine du vote par classes en Prusse, l'Etat-major condamne cette « concession à l'esprit du temps ». Au Chancelier, qui se prononce timidement à la même époque pour une paix d'entente, il répond par un refus formel. Enfin, au cours de l'été, il se débarrasse des dernières résistances : au Reichstag, constatant l'échec de la guerre sous-marine, l'entrée en guerre des Etats-Unis, convaincu de la défection prochaine de l'Autriche-Hongrie, le député Erzberger, soutenu par le Centre et la social-démocratie, a démontré la nécessité d'une paix de compromis et prôné la formation d'une majorité parlementaire cohérente ; Bethmann-Hollweg s'est contenté d'une réponse évasive ; alors les deux généraux se sont rendus à Berlin et ont obtenu, sous la menace de leur propre démission, le renvoi du Chancelier (juillet 1917). Bref l'Etat major n'a eu qu'à parler, et tout le monde s'est incliné devant lui. C'est lui qui impose le successeur de Bethmann, l'incapable Michaelis. Et quand celui-ci fut renversé par le Reichstag, c'est lui encore qui dirige son successeur Hertling (octobre 1917).

Encore une fois, la victoire semble justifier cet empiètement sans pareil sur la vie politique de l'Etat allemand ; en octobre, l'armée italienne a été défaite à Caporetto ; en décembre commencent avec la Russie bolcheviste, les négociations qui aboutirent à la paix séparée de Brest-Litowsk (mars 1918) ; des effectifs considérables sont ainsi récupérés qui permettent de déclencher l'offensive de printemps 1918 sur le front occidental : à trois reprises, en mars en Picardie, en avril dans les Flandres, en mai au Chemin des Dames, les armées adverses ont plié sous les coups. Mais quand le 24 juin, alors que l'Allemagne possède encore de si puissants atouts dans la main, le secrétaire d'Etat aux Affaires étrangères Kühlmann laisse entendre au Reichstag que ce n'est pas par la seule force des armes que l'Allemagne pourra imposer la paix, et suggère à nouveau la nécessité d'un compromis, le Grand Quartier réagit avec vigueur contre cette déclaration défaitiste et exige du Chancelier la démission de son auteur.

Cette belle assurance, qui avait permis aux classes dirigeantes de maintenir intacte pendant quatre ans leur influence sur la nation, se brise brutalement : après l'échec de l'offensive sur la Marne (juillet 1918), les Allemands ont perdu l'initiative des opérations ; depuis le 8 août, où le front de Picardie a été rompu, ils sont partout en retraite. Lorsque, à la fin de l'été, la situation militaire devient désespérée, brusquement, l'Etat-major décide de passer la main : ce n'est pas lui qui endossera la responsabilité de la défaite. Le 29 septembre, à Spa, les deux généraux font savoir à l'Empereur et au Chancelier que tout était perdu. Il ne s'agissait plus que de préparer une liquidation terrible ; et à cet effet Ludendorff suggère qu'un Gouvernement parlementaire prenne en mains les destinées de la nation. En cette heure douloureuse, où les affaires sont irrémédiablement compromises, la dictature militaire est abandonnée, la démocratie acceptée, ou plus exactement imposée au Parlement par la volonté des généraux vaincus. C'est un cabinet parlementaire, présidé par Max de Bade, dans lequel entrent le centriste Erzberger et le socialiste Scheidemann, qui portera le poids de la défaite et liquidera la faillite : le 5 octobre, il faisait parvenir au président des Etats-Unis, la demande d'un armistice. Et tandis que lui, Ludendorff, garde jusqu'à son renvoi (26 octobre) le beau rôle et invoque l'honneur militaire pour refuser un armistice qui ne laisserait pas à l'Allemagne la possibilité de reprendre les armes, les hommes qui dénoncent depuis deux ans sa folle présomption sont contraints à prendre sur eux l'odieux de pénibles négociations.

Dès lors, il ne reste plus qu'à payer la note. La défaite signifie d'abord pour l'Allemagne la fin de la monarchie ; jusqu'aux derniers jours de la guerre, Guillaume II a cru pouvoir compter sur la fidélité de la troupe ; mais des émeutes ont éclaté le 30 octobre dans les équipages de la flotte, et le 5 novembre, la révolte s'est étendue aux grandes villes allemandes. Lorsque l'Empereur s'est décidé (9 novembre) à l'abdication attendue, déjà la République avait été proclamée à Munich et à Berlin. En même temps, il a fallu accepter les conditions des Alliés ; mais c'est Erzberger, et non le commandement suprême, qui est allé à Rethondes signer l'armistice (11 novembre). Les Alliés ont exigé l'évacuation de la France et de la Belgique, l'occupation des deux rives du Rhin aux points de passage principaux, la livraison d'armes et de matériel en quantité suffisante pour rendre impossible tout nouvel essai d'offensive ennemie.

Le Reich est incontestablement vaincu du point de vue militaire. Le **traité de Versailles** (juin 1919) enregistra cette défaite : on contraindra l'Allemagne à de nouvelles concessions territoriales, — la cession de la Posnanie et de la Haute-Silésie à la Pologne, la création d'un territoire de la Sarre sous le contrôle de la Société des Nations ; on lui ôtera ses colonies, on limitera numériquement son armée à cent mille hommes, sa flotte à six cuirassés ; on lui imposera de lourdes réparations. Et cependant toutes ces conditions demeureront illusoires. Illusoires, parce que la paix a reposé tout entière sur cette fausse idéologie d'origine américaine, selon laquelle la République allait rénover le peuple allemand qui, lui, n'avait pas voulu la guerre. Au nom de cette idéologie, rien n'a été changé au statut des classes dirigeantes qu'il eût fallu renverser avec l'Empire. Par un oubli qui va peser lourdement sur l'avenir, la région vitale de la Ruhr, avec ses mines et ses canaux, a été épargnée : la grosse industrie allemande reste sur pied, toujours puissante, entièrement libre de ses mouvements. Quant à l'aristocratie terrienne, elle demeure maîtresse de la bureaucratie et de l'armée, qu'elle se hâtera de reconstituer. L'oligarchie dominante saura laisser momentanément le pouvoir à un Parlement, et s'user les partis républicains ; puis, quand l'inflation et les épreuves auront assommé les masses allemandes, il jugera le moment venu de reprendre l'autorité et de reconstituer à son profit un Reich plus puissant et plus menaçant qu'il ne fût jamais.

C'est en ces termes qu'il convient de poser le problème, si souvent discuté, de la « continuité » de la politique allemande, depuis Bismarck jusqu'à Hitler. S'il n'est pas possible d'établir une comparaison entre les méthodes de gouvernement et de répression pratiquées en 1871 et 1933, il n'en reste pas moins que ce sont les mêmes classes sociales qui ont continué, malgré de passagers reculs, à diriger l'Etat ; ce sont elles qui ont fixé à l'Allemagne le même programme d'expansion dominatrice ; ce sont elles qui ont constamment refusé la démocratisation du régime et l'installation d'un véritable gouvernement parlementaire.

Chapitre V

LA RÉPUBLIQUE DE WEIMAR (1918-1933)

Les classes dirigeantes allemandes portent incontestablement la responsabilité entière de la défaite et de la ruine. Mais, au lendemain de l'armistice, elles refusent de s'avouer vaincues, et cherchent aussitôt à reprendre leur position maîtresse. Comment elles sont arrivées à leurs fins : telle a été l'histoire de la République de Weimar. Abandonnant le pouvoir quelque temps à la bourgeoisie et au socialisme modéré qui, par peur de la Révolution bolcheviste, n'avaient pas osé leur porter au lendemain de la défaite le coup décisif, elles ont assisté joyeusement à leurs erreurs et à leur déclin. Les tentatives qu'elles ont faites en 1920 et en 1923 pour ressaisir le pouvoir ont été prématurées. Mais, profitant en fin de compte de cette galvanisation que le national-socialisme avait su opérer sur un peuple en détresse, elles ont su financer et utiliser ce puissant mouvement afin qu'il leur conserve leurs positions économiques et leur rende leur influence sociale et politique. Elles ont pensé que le triomphe d'Hitler signifierait la restauration de leur prépondérance.

La Révolution de 1918 n'a été qu'un effondrement moral, un chaos politique, un profond ébranlement psychique consécutif à la défaite et à l'écroulement du Reich. Les masses populaires allemandes, mal préparées à cette soudaine « victoire », souhaitent, non le pouvoir, mais la paix immédiate. Les promoteurs du mouvement révolutionnaire, — conseils de soldats qui se sont multipliés par suite de la propagande russe au cours des dernières semaines de la guerre, socialistes indépendants et *spartakistes*, partisans de la dictature du prolétariat, — ne constituent qu'une petite minorité d'éléments extrémistes. Il apparaît tout de suite que la plus grande partie de la nation redoute instinctivement la bolchévisation.

En présence des éléments troubles, le « Conseil des commissaires du peuple », présidé par le socialiste **Ebert**, à qui Max de Bade a passé la main, est lui-même divisé : il comprend trois socialistes majoritaires, trois indépendants. Tout de suite commence l'équivoque. D'une part, par la proclamation du 12 novembre, il annonce la réalisation d'un vaste programme socialiste. D'autre part Ebert, qui répugne à l'anarchie, doit compter avec la bureaucratie impériale, demeurée en place, ainsi qu'avec l'Etat-major qui, sous le commandement de **Hindenburg**, assisté de **Grœner**, est décidé à maintenir la discipline. C'est à ces forces qu'il va faire appel contre les extrémistes. Et, au moment même où il annonce le triomphe de la Révolution, le Gouvernement se tourne, non contre les anciennes classes dirigeantes, mais vers elles, pour ouvrir la lutte contre le socialisme révolutionnaire.

Pendant quelques semaines cependant, les extrémistes marqueront des succès. Les troupes qui reviennent du front sont rapidement contaminées par la propagande révolutionnaire : le 16 décembre, le Congrès des Conseils des soldats réclame la suppression de l'armée permanente ; le 23, le Gouvernement est prisonnier des révolutionnaires et le général Lequis, chargé de rétablir l'ordre, débordé par le peuple de Berlin ;

le 25, le drapeau rouge flotte sur la capitale du Reich. La Bavière, sous la direction de Kurt Eisner, s'est érigée en République « démocratique et sociale », tandis qu'ailleurs, notamment en Rhénanie, le particularisme s'est réveillé au cri de : *Los von Berlin* (débarrassons-nous de Berlin). Rompant alors avec les Indépendants et en plein accord avec le G. Q. G. de Cassel, Ebert confia le Commissariat de la Guerre au socialiste Noske, avec la mission de sauver le pays du chaos. Ce fut ce bûcheron brandebourgeois, énergique et madré, qui, avec l'appui de l'armée, décida du sort de la Révolution. Il encouragea le général Märcker à constituer, avec les éléments non contaminés de l'armée, ces « corps francs » qui, animés du plus pur esprit militaire, devaient préserver l'intégrité du Reich et abattre l'anarchie. Le 12 janvier 1919, Noske est maître de Berlin, où Karl Liebknecht et Rosa Luxembourg, chefs spartakistes, sont massacrés. Il organise des expéditions punitives dans les grandes villes prussiennes afin d'abattre les Soviets locaux et d'exécuter les meneurs. Au mois de mars, un sursaut révolutionnaire est écrasé à Berlin. Noske dirige alors la répression dans les Etats allemands : en Bavière, où l'assassinat d'Eisner a été suivi par la proclamation d'une « République des Conseils », et dont la capitale, Munich, est occupée le 3 mai après une répression effroyable ; en Saxe, où le 20 mai la population ouvrière est désarmée. Quant à la tentative du Dr Dorten, pour fonder à Cologne, avec l'aide de militaires français, une République rhénane séparatiste (1er juin 1919), elle s'est brisée devant la résistance des ouvriers et du parti du Centre.

Cependant les élections à l'Assemblée nationale (19 janvier 1919) avaient eu lieu dans une tranquillité relative. Elles enregistrèrent l'échec des indépendants. Les socialistes, qui sont les plus nombreux, doivent pour gouverner s'appuyer sur les partis bourgeois : Centre et démocrates. La constitution, qui est l'œuvre de la « coalition de Weimar », reprend, dans leurs thèmes essentiels, les compromis sur lesquels reposait l'Allemagne impériale : elle maintient à la tête de l'Etat un président muni d'une forte autorité, élu pour sept ans et armé du droit de dissolution ; si la responsabilité ministérielle devant le Reichstag est introduite dans le texte de

la constitution, elle n'entrera pas dans les mœurs politiques ; enfin le principe de l'unité triomphe sur les particularismes locaux, grâce à une nouvelle extension des compétences du Reich. La constitution fut d'ailleurs promulguée, sans que l'assentiment des « pays » ait été demandé. Quant aux réformes sociales de structure — création de Conseils d'entreprises formés d'ouvriers et d'employés —, elles furent remises à plus tard. L'Allemagne, en principe, n'est plus un Etat autocratique ; elle est devenue un Etat populaire (*Volksstaat*). A vrai dire, peu de choses sont changées dans le Reich. La machinerie parlementaire est trop lourde et trop complexe, l'esprit public trop peu développé pour que la nation pût véritablement s'attacher à la jeune République. Les partis politiques qui ont soutenu la Constitution de Weimar (Sociaux-démocrates, Démocrates, Centre catholique) ont été rapidement dans la minorité, alors que l'axe de la majorité passait par des groupes qui n'avaient accepté que du bout des lèvres le régime républicain (comme les Populistes) et que se renforçaient les partis délibérément hostiles, les communistes sur la gauche, les Nationaux-allemands et plus tard les Nationaux-socialistes à droite.

De cet état de choses, les réactionnaires voulurent tout de suite tirer parti, d'autant plus que la République a dû prendre sur elle l'odieux de l'acceptation du traité de Versailles (28 juin 1919). Le Gouvernement d'Ebert, nommé président de la République, va avoir maintenant à se défendre contre le danger contre-révolutionnaire. Celui-ci apparaît d'autant plus grave que les corps francs ont été singulièrement renforcés par les formations du *Baltikum* : militaires allemands qui étaient demeurés, avec la complicité alliée, dans les Etats baltes pour lutter contre le bolchevisme, mais que l'autorité française avait obligés au début de 1920 à lâcher prise. Chez ces aventuriers, qui refluent sur Berlin, couvent de puissantes rancunes nationalistes. Les classes dirigeantes savent exploiter de tels sentiments, et organisent avec ces éléments para-militaires une sorte de garde prétorienne au service de la réaction. Et déjà Ludendorff, revenu d'exil, répand dans le pays sa propagande anti-judaïque et anti-bolcheviste : c'est l'époque où il fait circuler en Allemagne les fameux *Protocoles des Sages de Sion*, qui faisaient retomber la responsabilité de la guerre sur la juiverie internationale, où il suggère un plan d'attaque européen contre la Russie soviétique. La classe dirigeante, qui avait accepté momentanément la République, crut le moment venu de la renverser : à l'occasion d'un ordre de dissolution d'un des corps francs, le chef de la Reichswehr, von Lüttwitz, et un fonctionnaire, Kapp prirent le pouvoir à Berlin et proclamèrent la dictature militaire. Devant l'union des partis républicains et la menace de grève générale, le putsch échoua (17 mars 1920). Mais les vainqueurs ne surent pas s'organiser solidement pour faire pièce à la réaction : les élections, qui eurent lieu le 6 juin 1920, marquèrent un recul des socialistes, tandis qu'augmente singulièrement la puissance des partis de droite.

Ceux-ci avaient tiré de ces événements la leçon qui convenait : il n'y avait rien à faire sans les masses allemandes, encore en grande partie réfractaires à la propagande antijuive et antimarxiste. Il s'agissait par conséquent, pour la classe dirigeante, d'agir sur leur idéologie et d'acquérir leur appui. L'homme providentiel qui devait permettre ce rapprochement, ce fut Adolf Hitler.

Né en 1889 à Brunnau-sur-l'Inn (Autriche), cet ouvrier décorateur, qu'avait tourmenté de bonne heure le démon de la politique et qui avait fait, semble-t-il, une guerre obscure, mais courageuse, était entré en août 1919 dans le « parti national des travailleurs allemands », que dirigeait à Munich un certain Drexler, serrurier de son métier. Ce groupement était en rapport étroit avec l'Etat-major et avec les organisations bavaroises de corps francs, d'où venait Röhm, ami lui-même du poète Dietrich Eckhart et du théoricien antisémite Gottfried Feder. Dans ces milieux, l'on répétait que la guerre n'était pas finie, que la lutte devait continuer pour la grandeur allemande, et qu'un socialisme national devait réaliser l'union indispensable des classes. Hitler formule dès 1920 son programme en vingt-cinq points, et déjà son éloquence naturelle frappe ceux qui l'approchent ; le *Völkischer Beobachter* sera, à partir de décembre, l'organe du *Parti allemand national-socialiste des travailleurs* (N. S. D. A. P.). Röhm lui amène sans cesse officiers et soldats, qui reçoivent une solide éducation en vue de la guerre civile.

On conçoit qu'à Berlin, les milieux réactionnaires — le fameux *Herrenklub* — regardent du côté des organisations bavaroises. C'est ici qu'ils vont chercher le contact avec les masses moyennes ou prolétariennes. Ils payent et dirigent la propagande nationale-socialiste. Hitler fait alors connaissance à Bayreuth de H. S. **Chamberlain**, qui exercera sur sa pensée une forte influence. La propagande antimarxiste et antisémite de Ludendorff passe dans les écrits nationaux-socialistes. Bref, en tant que petit bourgeois prolétarisé, Hitler couvrira de sa personnalité populaire les agissements de la caste dirigeante. C'est pour elle qu'il gagnera la confiance des masses. Le parti grossit rapidement. **Hermann Gœring** va prendre la direction des *Sections d'assaut* (S. A.) ; **Joseph Gœbbels** deviendra l'auxiliaire indispensable à la propagande.

Le moment parut, en novembre 1923, favorable aux nationaux-socialistes pour prendre le pouvoir. La République se débattait depuis trois ans dans une crise financière sans précédent, due à l'inflation, à l'effondrement du crédit de l'Etat et à l'ardeur dépensière des Gouvernements, les paiements à titre de réparations ne jouant par contre qu'un faible rôle dans les troubles monétaires. L'assassinat par des nationalistes du financier **Walther Rathenau**, qui avait négocié avec la France un programme de prestations en nature, aggrava encore la situation (24 juin 1922). Dès lors, la chute du mark suivit un mouvement vertical, frappant les classes moyennes. D'autre part, l'arrêt du paiement des réparations, tandis que l'industrie et l'agriculture allemandes étaient en plein essor, décida en France le Gouvernement de Poincaré à prendre le contrôle du rendement économique du Bassin de la Ruhr : le 15 janvier 1923, l'ensemble du district charbonnier était occupé par des divisions franco-belges, et, malgré d'énormes difficultés, exploité au profit des Alliés. Le chancelier nationaliste **Cuno**, qui avait ordonné la résistance passive, puis suscité l'action terroriste de corps francs, doit en août céder la place à **Gustav Stresemann** qui, en s'appuyant sur les partis de la coalition de Weimar, décide de mettre fin à la résistance et d'en revenir à une politique d'exécution (26 septembre 1923).

Ces événements ont provoqué une double réaction : dans les milieux ouvriers, en Saxe et à Hambourg, s'agitaient des émissaires communistes ; l'armée est chargée de réprimer sans merci toute tentative d'émeute. A Munich, où règne une excitation nationaliste sans pareille, l'on regarde Stresemann comme un traître et l'on s'apprête au coup d'Etat contre la République. Seulement les conjurés ne sont pas d'accord : le premier ministre bavarois, le monarchiste **von Kahr**, songe à une séparation du Reich et à une restauration des Wittelsbach ; il peut s'appuyer sur le chef de la Reichswehr en Bavière, le général **von Lossow**. Quant à

Hitler et à Ludendorff, ils veulent la marche sur Berlin et la proclamation d'un Etat unitaire national-socialiste. Le 8 novembre 1923, Hitler réussit à entraîner, sous la menace des corps francs, le Gouvernement bavarois dans ses vues. Mais von Kahr prévoit l'échec d'une tentative qui a contre elle, à Berlin, le haut commandement de la Reichswehr, lequel se méfie d'une entreprise prématurée ; quittant brusquement Munich, il organise à Ratisbonne, avec les troupes régulières, la répression du complot. Le lendemain, 9 novembre, le *putsch de Munich* est brisé par le Gouvernement bavarois ; à la *Feldhernhalle*, quatorze morts sont restés sur le pavé, Hitler, blessé à l'épaule, sera condamné à cinq ans de prison.

Sans renoncer à la victoire, Hitler a tiré de l'événement cette conclusion que la lutte contre un Etat trop fortement armé est impraticable. Pour conquérir l'Allemagne, il ne s'écartera pas des voies légales ; il voudra gagner la confiance et les suffrages du peuple et se faire plébisciter comme dictateur par la nation elle-même.

Pour le moment la légalité l'emporte une nouvelle fois. Au lendemain du putsch de Munich, la République allemande paraît se consolider. Le ministre des Finances, Dr Luther, assisté du président de la Reichsbank, Dr Schacht, a réussi à donner à l'Allemagne une monnaie saine. Une ère de détente et de rétablissement économique commence, marquée par l'évacuation de la Ruhr, par le *plan Dawes* pour les réparations (1924) et surtout par un afflux de capitaux américains ; elle durera quatre ans. Après tant d'années difficiles, l'Allemagne semble retrouver goût au travail et à la vie. La production industrielle prend un développement tel que son volume dépasse en 1928 de plus d'un tiers celui de 1913.

Sur le plan extérieur, Stresemann, constamment

ministre des Affaires étrangères, a poursuivi une politique d'exécution du traité de paix et de rapprochement international, qui a valu à l'Allemagne de larges succès : après la libération de la Ruhr, le 1er décembre 1925, a été signé le *pacte de Locarno*, par lequel le Reich retrouvait l'égalité diplomatique en garantissant les frontières de ses voisins occidentaux ce qui ne l'empêchait pas, en avril 1926, de donner des garanties à l'U. R. S. S. ; le 10 septembre 1926, l'Allemagne a été admise à la Société des Nations ; le 28 février 1927, les derniers éléments de la Commission militaire interalliée quittaient l'Allemagne ; le 7 juin 1929, le *plan Young* apportait de nouveaux allégements au Reich en lui accordant un nouvel emprunt international. Enfin, en juin 1930, alors que Stresemann était déjà mort depuis plusieurs mois, les derniers soldats français abandonnaient la rive gauche du Rhin ; consécration d'une politique qui, sous couleur de coopération européenne, vise à restituer à l'Allemagne, en Europe et dans le monde, sa place d'avant-guerre. Faut-il voir, dans cet ancien pangermaniste, un « finasseur » hypocrite, ou au contraire l'un des courageux pionniers de l'idée européenne ? Il n'est guère douteux qu'il ait été sincère en préconisant pour l'Allemagne une politique résolument pacifique. Il serait absurde d'imaginer un Stresemann retors dupant un Briand naïf. Sans doute au contraire les ambitions de Stresemann, qui avait discuté secrètement à Thoiry (septembre 1926) un plan de collaboration franco-allemande qui aurait mobilisé au titre des réparations une partie de la dette à l'égard de la France, ont-elles largement dépassé le cadre de Locarno ; et il pensait encore négocier avec Poincaré, en avril 1928, l'ensemble du contentieux entre les deux pays.

Que l'on ne s'y trompe pas : si la République existe toujours, les républicains ne sont plus au pouvoir. La République n'a été sauvée en 1923 que par l'intervention du chef tout-puissant de la Reichswehr, le général von Seekt : or ce remarquable organisateur, qui fut le créateur de l'armée allemande de métier, dont il voulait faire l'armature de la future armée nationale, souhaite tenir ses troupes en dehors des luttes politiques, mais demeure fidèle aux anciennes disciplines militaristes ; sous sa direction, l'armée demeure un obstacle à la républicanisation du pays. Son limogeage en 1926 n'interrompt en rien le réarmement clandestin de l'Allemagne, dirigée par le général von Schleicher, et que facilite la coopération entre la Reichswehr et l'Armée rouge pour la création des prototypes et la formation des spécialistes dans les armes modernes interdites par le traité de Versailles. A partir d'avril 1925, la présidence du Reich, à la mort d'Ebert, est passée entre les mains du maréchal Hindenburg, qui a été élu contre le candidat républicain. Avec lui parvient au pouvoir un homme qui apparaît comme l'incarnation du régime impérial et de la Prusse militaire ; ennemi d'une République qu'il méprise, il poursuit deux buts qui lui semblent solidaires : le réarmement progressif du Reich et la défense de la classe des Junkers, à laquelle il appartient. Bien que l'action de Hindenburg ait été peu connue du public, elle a été décisive pour l'avenir du Reich. Gouvernant à l'aide « d'ordonnances d'exception », en vertu de l'article 48 de la Constitution, il transformera le régime de Weimar en un régime présidentiel.

Au cours de l'année 1928, l'Allemagne a atteint le point culminant de sa reprise économique. Celle-ci était accompagnée d'un recul sensible du mouvement extrémiste : le parti national-socialiste, reconstitué par Hitler à sa sortie de prison (dès 1925), n'obtint que douze sièges aux élections de mai 1928, tandis que les sociaux-démocrates revenaient au contraire en nombre accru. Cette victoire socialiste inquiète les classes dirigeantes, qui mettent l'accent sur la dureté du plan Young et déclenchent une vive campagne contre les « tributs ». D'autre part la crise économique, qui éclate en 1929, à la suite du krach financier des Etats-Unis, permet à l'extrémisme d'acquérir une action nouvelle sur les masses et signifie de ce fait un changement décisif de l'orientation politique du Reich. C'est à partir de l'hiver 1929-1930 un déchaînement des forces d'opposition au régime. L'homme de l'industrie lourde, le pangermaniste **Alfred Hugenberg**, dispose de moyens d'action puissants et d'une presse remarquablement organisée. Il est entré dès 1929 en rapport avec Hitler, dont il prétend utiliser l'influence populaire à ses fins, et à qui il consent, comme à un simple agent d'exécution, d'importants crédits à court terme. Hitler, après avoir rompu avec la tendance socialiste des frères Otto et Grégor **Strasser**, qui accusent leur chef de s'être compromis avec les puissances d'argent, se trouve ainsi solidement remis en selle. Le travail d'organisation intérieure du parti, qui a à sa tête la Maison brune de Munich, se poursuit rapidement.

C'est maintenant dans le pays lui-même, dans un pays écrasé par le désespoir, la misère et le chômage (quatre millions de chômeurs fin 1930, cinq millions fin 1931), que se poursuit la lutte politique entre les groupes fortement organisés et armés : front rouge communiste ; « Bannière d'Empire » socialiste, ayant derrière elle la masse encore imposante des syndicalistes ouvriers ; « Casque d'acier » conservateur et monarchiste ; front brun, sous le drapeau rouge à croix gammée. Mais le nazisme attire de plus en plus à lui les foules prolétarisées, et les effectifs du parti dépassent le million au début de 1932. Partout il installe des permanences, et il organise des manifestations jusque dans les plus petites villes. Dans tout le pays il prépare minutieusement les élections aux municipalités et aux Landtag provinciaux. Mais derrière cette entreprise de publicité, il y a l'attente anxieuse d'un peuple qui croit Hitler seul capable de sauver l'Allemagne. Rapidement le *Führer*, encore mal connu, est célèbre dans toute l'Allemagne. Il n'est déjà plus lui-même, mais le héros à demi légendaire qu'une publicité savante a mis au jour.

Devant la menace de guerre civile, le Gouvernement du Reich est dans une situation difficile. En mars 1930, renonçant à toute illusion parlementaire, Hindenburg a formé son premier cabinet présidentiel : son chef, le chancelier **Brüning**, appartient au Centre catholique, mais il est, semble-t-il, tout dévoué au Président, dont il partage le mépris des institutions républicaines, comme aussi une certaine méfiance à l'égard du nazisme. Dans l'impossibilité d'une majorité légale, il gouverne à coups d'ordonnances, par des procédés dictatoriaux, soutenu par les sociaux-démocrates, qui préfèrent malgré tout son autorité à celle des nazis. Mais les mesures qu'il est obligé de prendre pour remédier à la crise financière — diminution des traitements notamment — contribuent à discréditer la République et mettent de l'eau dans le moulin de ses ennemis : les élections de septembre 1930 sont une revanche éclatante des nazis, qui obtiennent cent sept élus. Malgré tout, Brüning continue à lutter ; il obtient des grandes puissances, en juillet 1931, un moratoire d'un an pour les Réparations ; à nouveau il réduit les indemnités de chômage et les traitements de fonctionnaires. Entre les deux blocs qui se forment de plus en plus nettement dans le pays à la fin de 1931, le « front national » de Hitler et de Hugenberg et le « front de fer » socialiste, il essaye, d'ailleurs habilement, de louvoyer. Quand, en mars 1932, expirent les pouvoirs du président Hindenburg, soucieux d'éviter un surcroît d'agitation électorale, il cherche à obtenir l'agrément de Hitler à une prorogation du mandat présidentiel du Maréchal. Sans doute songe-t-il alors à une révision de la Constitution dans le sens d'une monarchie de type bismarckien. Ayant échoué devant la décision du Führer de se présenter à la présidence, il eut cette satisfaction que ce soit le vieux Hindenburg qui soit réélu, tandis qu'Hitler n'obtenait que 36 % des voix. Mais, quand, le 13 avril, il publia un décret ordonnant la dissolution des organisations militaires du parti national-socialiste, il fut désavoué par l'Etat-major et par le Président, dont le secrétaire Meissner préparait de longue date l'avènement de Hitler. Le 30 mai 1932, il remettait sa démission. La signification de sa politique demeure encore très discutée : fut-il le fossoyeur de la République, ou, au contraire, a-t-il été le dernier espoir de la démocratie avant la dictature nazie ?

Son successeur von Papen a l'appui entier du Président, de la Reichswehr et du monde industriel, dont l'organisation principale, le *Reichsverband der Deutschen Industriellen*, intervient directement dans les affaires politiques et prépare sciemment la dictature fasciste ; aussi gouverne-t-il à coup de décrets-lois, en dehors de toute légalité, déclarant qu'il restera à son poste aussi longtemps que Hindenburg le jugera nécessaire. Il prétend, pour surmonter la crise que traverse l'Allemagne, faire appel à toutes les forces « nationales », intégrer par suite le nazisme dans la vie politique allemande. En d'autres termes, toute son action tend à associer Hitler à l'exercice du pouvoir pour en faire l'instrument de la classe dirigeante. Désireux de manifester sa bonne volonté aux nazis, von Papen met fin au gouvernement de la Prusse qui repose sur une coalition entre le centre et la Social-démocratie et fait prononcer la dissolution du Reichstag et procéder à de nouvelles élections (15 juillet), qui ramènent deux cent trente nationaux-socialistes. Mais il doit connaître rapidement la vanité de ses efforts en ce sens : car Hitler veut maintenant les leviers de commande pour lui tout seul et ne se soucie pas de se compromettre avec « une clique de réactionnaires et d'aristocrates ». Alors le Chancelier, qui n'a pas réussi à faire pénétrer Hitler dans un Gouvernement qu'il eût présidé, va se retourner avec vigueur contre lui, d'autant plus qu'il a l'impression que les troupes d'Hitler, déçues de ne pas accéder au pouvoir, semblent marquer un léger fléchissement d'enthousiasme ; et, de fait, les nouvelles élections (6 novembre), qui, dans l'esprit de von Papen, doivent contraindre Hitler à céder, donnent au nazisme cent quatre-vingt-seize sièges contre deux cent trente. Le succès n'est cependant pas suffisant pour permettre à von Papen, qui a contre lui l'immense majorité de la nation, de se maintenir. A son tour, le 17 novembre, il doit démissionner.

Après avoir vainement essayé de s'entendre à nouveau avec Hitler pour la formation d'un Gouvernement « parlementaire », où le Führer aurait eu les mains liées par les anciens partis, Hindenburg se décide à confier le pouvoir au général **Schleicher,** chef de la Reichswehr et depuis longtemps l'éminence grise du régime. Celui-ci, pour faire pression sur les nazis, tente d'appuyer son Gouvernement sur les masses ouvrières et, publiant un programme social avancé, entre en rapport avec les chefs syndicalistes, catholiques et socialistes, ainsi qu'avec Grégor **Strasser**, le représentant de l'aile gauche socialisante du parti, qui combat ouvertement Hitler. Celui-ci comprend alors le danger que présenterait une telle coalition, si elle venait à se former, et, renonçant provisoirement au pouvoir pour lui tout seul, rencontre von Papen, le 4 janvier 1933, dans la maison du riche banquier Schröder à Cologne. Là il accepte de se soumettre aux conditions que posait le monde des affaires pour le laisser parvenir au pouvoir ; mais, dès cet instant historique, sa participation au Gouvernement est décidée. La chute de Schleicher fut provoquée par le scandale de l'*Osthilfe* : il s'agissait là de secours votés naguère par le Parlement pour maintenir à flot la grande propriété foncière de l'Est ; or la répartition de ces secours donna lieu à des abus graves, où se trouvait compromis, entre autres, le propre fils de Hindenbourg. Schleicher ayant refusé de prendre en mains les intérêts de cette coterie, les Junkers ont beau jeu pour dénoncer au Président « le Chancelier rouge », qui est contraint, le 28 janvier, de donner sa démission. Peut-être, avant de tomber, avait-il songé à arrêter von Papen et Hitler ; en tout cas, un an plus tard, il devait payer de sa vie son hostilité déclarée au Führer. Le 30 janvier 1933, Hitler acceptait, à titre de Chancelier, de former un cabinet de « concentration nationale », dans lequel von Papen entrait comme vice-chancelier.

Il ressort de cette histoire qu'Hitler, qui savait ne rien pouvoir entreprendre contre la Reichswehr et l'oligarchie économique, est arrivé au pouvoir par la volonté de la classe dirigeante, qui a vu en lui un rempart contre le communisme et le fossoyeur de la République. Les industriels en particulier, longtemps favorables aux partis de droite bourgeois — Populistes, Nationaux-allemands — se sont progressivement ralliés à Hitler, qui depuis longtemps recherchait leur appui, parce qu'ils voyaient dans le nazisme un rempart assuré contre le bolchevisme, une promesse de relance de l'économie par les armements, l'assurance pour eux d'avoir les mains libres dans le cadre d'un Etat fort. Mais il n'en est pas moins vrai qu'Hitler a fait croire aux masses, prolétarisées par l'inflation, qu'il allait détruire la toute-puissance de l'argent. Il a réussi auprès du peuple allemand parce qu'il a su exploiter l'appauvrissement et le nivellement qui, provoqués par une série de crises, sont venus frapper la hiérarchie traditionnelle. Il a spéculé à la fois sur l'habitude du syndicalisme, qui fait apprécier aux masses allemandes le groupement spontané des forces, et sur leur manque de culture, qui les livre sans défense aux idéologies fumeuses et aux rêves exaltants. Et cela lui a été d'autant plus facile qu'il a spécialement touché la jeunesse, cette jeunesse désespérée par le chômage, cette jeunesse qui, tournant le dos à l'histoire, tranche le nœud gordien et réclame l'obéissance disciplinaire aux principes simples et élémentaires. Il a su élaborer pour une nation désespérée un programme à la fois antisocialiste et anticapitaliste.

Chapitre VI

L'ALLEMAGNE HITLÉRIENNE

Du jour où Hitler a pris le pouvoir, l'Allemagne s'est faite « soldatique ». La mystique pangermaniste et le drill prussien se sont étrangement unis pour faire de la nation un instrument d'efficience collective et de domination européenne. Le régime hitlérien a effacé la distinction du civil et du militaire. Il a broyé les esprits par la propagande, formé une armée d'exécutants, travailleurs et soldats. A ce dressage d'une nation entièrement mobilisée, les anciennes classes dirigeantes, intéressées habilement à l'entreprise, se sont prêtées avec complaisance : les militaires parce qu'ils y voyaient une source de puissance, les bureaucrates parce que cela flattait leur prussianisme dominateur, les industriels parce que leurs carnets se remplissaient de commandes. Seulement, elles ont été progressivement entraînées par le dynamisme d'un système dont elles avaient favorisé l'éclosion. Ayant aliéné leur indépendance, elles seront finalement emportées par la catastrophe qui marquera la fin de l'histoire du Troisième Reich.

L'installation d'Hitler au pouvoir fut rapide et décisive pour l'avenir de l'Allemagne. Dans le cabinet formé le 30 janvier 1933, il n'y avait que trois nationaux-socialistes : le chancelier Hitler, **Gœring**, commissaire à l'Aviation, et **Frick**, ministre de l'Intérieur. **Von Papen**, vice-chancelier, **Hugenberg**, ministre de l'Economie, von **Neurath**, ministre des Affaires étrangères, assuraient, en apparence, la prédominance des éléments conservateurs. Mais il fut rapidement patent qu'Hitler serait le seul maître et ne tolérerait aucune volonté susceptible de s'opposer à la sienne.

Dès le 1er février, le Reichstag est dissous afin de permettre à la nation « de prendre parti à l'égard du Gouvernement national ». Aussitôt Hitler se met à l'œuvre pour épurer les cadres républicains de l'administration. Une loi « pour la protection du peuple et de l'Etat » lui permet d'interdire journaux et réunions. Le 27 février, l'incendie du Reichstag, dont on accuse un communiste hollandais, **Van der Lubbe,** d'être l'auteur — l'enquête menée en Europe a montré qu'il ne pouvait s'agir que d'un acte de provocation hitlérien —, permet d'exécuter le parti communiste, naguère si puissant : les chefs furent abattus ou conduits dans des camps de concentration, les formations de combat dispersées sans grande résistance. Quand, le 5 mars, eurent lieu les nouvelles élections, il s'avéra que, malgré la terreur, les partis marxistes recueillirent douze millions de voix contre dix-sept aux nazis ; mais les communistes ne purent siéger, et un grand nombre de députés socialistes furent incarcérés ; aussi, le 23 mars, à la suite d'une grandiose cérémonie à Potsdam, où fut célébré en présence d'Hindenburg, le réveil de l'authentique esprit prussien, le Parlement vota, par quatre cent quarante et une voix contre quatre-vingt-quatorze — les voix socialistes —, les pleins pouvoirs au Chancelier. Il a dès lors l'instrument légal qui va lui permettre d'exercer en Allemagne un pouvoir sans contrôle.

Sans transformer tout d'une pièce la constitution, Hitler refond progressivement les « lois fondamentales », créant un Etat « unitaire, autoritaire et populaire ». Le Gouvernement dispose du pouvoir exécutif et législatif ; quant au Reichstag, convoqué dans des circonstances exceptionnelles, il devra se borner à acclamer la politique du Gouvernement. En revanche le recours au plébiscite est une des caractéristiques du nouveau régime : le Troisième Reich est fondé sur le principe d'autorité *(Führerstand)*, mais il existe entre le Führer et la nation qui l'investit du pouvoir une sorte de « mandat » dont il doit être rendu compte. Sur le plan unitaire, le particularisme est éliminé sans résistance de la vie allemande : le 7 avril, la loi sur les *Statthalter*, désignés par le pouvoir central, met fin à l'autonomie administrative des pays, dont les droits souverains sont transférés au Gouvernement du Reich. Enfin de nombreux textes constitutionnels déterminent la place du *Parti national-socialiste*, dont le rôle est de maintenir les principes fondamentaux qui assurent l'unité de la nation et dont les fonctionnaires, répartis en *Gau*, doivent pénétrer jusqu'aux moindres cellules de l'organisation professionnelle, administrative ou familiale, faire connaître partout la pensée du chef et épier les moindres gestes. L'Allemagne s'édifie ainsi sur le *Führerprinzip*, sans que celui-ci cependant réussisse à surmonter les innombrables conflits de compétence, qui font du Reich hitlérien « une pyramide chancelante de clientèles et de dépendances ».

Quelles furent les résistances qu'opposèrent les partis à l'installation du nouveau régime ? La mise au pas *(Gleichschaltung)* des anciens partis de la coalition de Weimar ne s'était pas fait attendre : le parti social-démocrate avait été dissous le 22 juin, le Centre, le 5 juillet. Les groupements de droite comprirent eux aussi que toute résistance à la dictature hitlérienne était vaine : les « Casques d'acier » s'effacèrent aussitôt devant les milices hitlériennes ; le 27 juin, l'ambitieux Hugenberg se démettait de ses fonctions, et les ministres conservateurs se confinaient chacun dans sa spécialité, abandonnant au Chancelier la direction générale des affaires. Cependant Hitler, de son côté, ne tenait pas à rompre avec les classes dirigeantes ; il se rendait compte qu'il rencontrait parmi elles les capacités techniques dont il ne pouvait se passer. Il résolut de les ménager et de les rallier à son système. Cette alliance fondamentale d'Hitler et des classes dirigeantes se manifesta au grand jour lorsque Rœhm, organisateur des milices hitlériennes, pressa le Führer d'exécuter en faveur des masses son programme socialiste. Hitler n'hésita pas alors à frapper celui qui avait été le meilleur artisan de son succès, mais qui proclamait maintenant qu'il ne se reposerait que « lorsque la révolution allemande serait terminée ». L'opposition de Rœhm était d'autant plus redoutable qu'il s'était abouché avec les ennemis du Führer, avec von Schleicher et peut-être avec von Papen, jaloux du pouvoir de Hitler. Le 30 juin 1934, prenant les devants, le Chancelier étouffa le complot d'une façon rapide et impitoyable, lui-même à Munich, Gœring à Berlin. La mise à mort de Rœhm fut accompagnée de celle de soixante-dix-sept chefs des S. A., de von Schleicher, de von Kahr, de Grégor Strasser ; les secrétaires de von Papen furent abattus. Le 3 juillet, le Führer recevait les félicitations de Hindenburg, et il pouvait dorénavant compter sur l'appui de la Reichswehr, qui voyait en Rœhm un rival. La mort du vieux Maréchal, quelques semaines plus tard (2 août 1934) permettait d'établir l'unité totale de direction, par la fusion des fonctions de Président du Reich et de Chancelier entre les mains d'Hitler. Dès lors toute résistance, pendant de longues années, devait disparaître. La « nuit des longs couteaux » devait faire passer au sein du régime la toute-puissance dans les mains du corps des S. S. *(Schutzstafel)*, primitivement créé en vue d'assurer la sécurité du Führer, et dont le chef, Heinrich Himmler, sut également concentrer sous sa direction l'ensemble de la police du Reich et l'administration des camps de concentration, ouverts dès 1933 pour les adversaires du régime, communistes, socialistes ou pacifistes.

Le programme qu'Hitler se promettait de réaliser est entièrement inspiré par les doctrines pangermanistes que la génération précédente avait déjà popularisées. Plus récemment **Oswald Spengler,** dans un livre qui eut un grand renom, le *Déclin de l'Occident* (1920), avait invité la jeunesse allemande à renoncer aux raffinements spirituels d'une civilisation décadente pour s'adonner entièrement à une éthique du travail spécifiquement allemande : d'après cette éthique, le travail ne devait plus être considéré comme objet de discussion et de contrat, mais, conformément à la tradition prussienne, comme un service volontaire et joyeux à la communauté, comme une discipline spontanément acceptée. **Mœller Van der Bruck,** l'auteur du *Troisième Reich* (1922) insiste sur la notion d'une Révolution allemande qui, prenant appui sur la pléthore démographique considérée comme signe de vitalité, devra extirper de l'Europe le venin introduit dans son corps par le marxisme et le libéralisme. Partant de prémisses analogues, un groupe de jeunes journalistes, qui écrivent dans la revue *Die Tat* tentent, sur le plan intérieur, de rajeunir les traditions du luthérianisme politique sur la base d'un Etat totalitaire et autarcique, sur le plan extérieur, de définir les lois de la progression allemande dans le Sud-Est européen. Quant au mythe de la race, il s'appuie sur les travaux récents de **Gunther,** qui, lui aussi, reconnaît dans le Nordique les traits du chef, du dominateur par excellence ; **Alfred Rosenberg** en tire son célèbre *Mythe du XX*^e^ *siècle*, qui est une des Bibles du national-socialisme. Selon l'auteur, chaque race a son génie propre et l'unité du genre humain est reconnue comme une hypothèse absurde. Que les Allemands par suite veillent à éliminer les poisons malfaisants qui, sous le nom de catholicisme romain, de franc-maçonnerie, de socialisme marxiste, tentent de corrompre leur force primitive ! Qu'ils sachent surtout discerner derrière ces valeurs « internationales » l'esprit juif, le « mauvais principe » par excellence, celui qui fomente sans cesse avec tous les éléments étrangers une conspiration universelle contre le germanisme ! C'est en puisant chez ces « doctrinaires de la Révolution allemande » qu'Hitler a écrit *Mein Kampf* au lendemain du putsch manqué de Munich. Mais il sut imposer la conviction aux Allemands qu'à la masse amorphe doit se superposer une « couche de maîtres », désignée par la sélection naturelle, formée par les natures « combattives », ayant le sentiment de l'honneur, le culte de la fidélité, le goût de l'héroïsme. C'est une sorte de biologie autoritaire qu'il prétend instituer, opposant à un « Ordre masculin » savamment hiérarchisé, à une élite formée dans les fameux *Ordensburgen*, une masse plastique qui ne connaîtra que le commandement et la discipline, bref une « nation soldatique ».

Il faut la lumière de ces idées théoriques pour comprendre la réalisation du programme nazi sur les plans racial, religieux, économique, militaire, sur le plan enfin de la politique étrangère.

Une nation qu'anime le souci de son avenir doit avoir une population nombreuse et saine, soustraite aux causes de dégénérescence et de diminution. Voilà pourquoi le nazisme ne tolère, au sein de la communauté allemande, que des éléments qui soient liés par la race. Voilà pourquoi l'antisémitisme est considéré comme le facteur essentiel de la nouvelle unité nationale. Dès le 1er avril 1933, sous prétexte de répondre au boycottage des marchandises allemandes à l'étranger, un « boycottage défensif » a été organisé à l'égard des commerçants israélites. Mais bientôt les excès sont remplacés par la « violence pacifique » : la loi du 7 avril 1933 sur le recrutement des fonctionnaires établit une démarcation absolue entre le Juif et l'Aryen, celui-ci pouvant seul être gratifié du titre de citoyen du Reich. Une loi du 15 septembre prive le Juif de tout droit politique. Les persécutions débordent d'ailleurs sur la vie privée : les mariages entre chrétiens et juifs (même s'ils ne sont plus israélites) sont interdits. Les Juifs enfin sont mis entièrement à l'écart de la vie intellectuelle et artistique de l'Allemagne. Mais plus redoutables encore que ces mesures légales, sont les actes de brutalité commis individuellement contre les Juifs, dont un grand nombre (ils étaient encore cinq cent mille en 1933) ont été déportés ou massacrés ; plus cruelle, la propagande entreprise contre eux par certains professionnels de l'antisémitisme, comme ce Julius Streicher qui échauffe sans relâche les Allemands contre eux par le récit de crimes

rituels ou d'attentats contre les mœurs. La persécution devait culminer au cours de la *Kristallnacht* (11 novembre 1938), déclenchée par les services de la Propagande comme représailles à l'assassinat par un jeune Israélite d'un conseiller à l'ambassade d'Allemagne à Paris. Bien avant la guerre, le régime s'orientait vers la « solution finale » de la question juive.

Le Gouvernement ne s'est d'ailleurs pas contenté, pour la défense de la race, de libérer l'Allemagne de la « contamination sémitique ». Frappé de la dénatalité qui avait marqué les dernières années de la République, il a encouragé les naissances par l'institution d'un prêt matrimonial, par des primes aux familles nombreuses, par des charges supplémentaires imposées aux célibataires : mesures qui ont donné des résultats positifs. Un gros effort a été accompli pour empêcher, par la stérilisation, la transmission des maladies héréditaires. Enfin, de puissantes organisations ont été créées — *Hitlers Jungvolk* jusqu'à quatorze ans, *Hitler Jugend* jusqu'à dix-huit ans —, un « service du travail » obligatoire a été institué pour développer dans la jeunesse le goût du sport, du travail, de la camaraderie, pour former des générations qui aient une réelle volonté d'héroïsme. Le culte de la race a donc conduit à un « spartanisme » ascétique destiné à préparer l'éducation militaire de la nation.

Ce sont précisément ces questions d'éducation populaire qui ont rendu épineuse la solution des problèmes religieux et qui ont provoqué un certain malaise dans l'opinion.

A l'égard du catholicisme, il est certain que les nazis, malgré certaines atténuations apportées par Hitler dans *Mein Kampf*, voient un ennemi qu'ils auront à abattre : le catholicisme est à leurs yeux l'une des formes de cet humanisme international qui s'oppose au développement d'une culture raciale. Cependant le Führer, une fois au pouvoir, et malgré les condamnations dont avait été déjà l'objet « le nouveau paganisme », déclare ne vouloir pas brusquer les choses, et par l'intermédiaire de von Papen, entre en négociation avec la Papauté : le Concordat du 20 juillet 1933 reconnaît à l'Eglise la liberté de régler souverainement ses affaires intérieures, oblige en revanche l'épiscopat à abandonner toute attitude d'hostilité et à renoncer à l'activité politique. Mais l'on s'aperçut très vite à Rome qu'aucune des prérogatives de l'Eglise en matière de charité et d'enseignement n'était sérieusement sanctionnée. De fait, une violente campagne contre l'Eglise ne tarde pas à se déchaîner : on accuse, dès 1934, les religieux de trafic de devises, d'attentat à la pudeur : les couvents allemands, à croire Streicher, sont des foyers d'immoralité. A partir de 1937, on suspecte les catholiques de comploter avec les communistes. Il s'agit pour le nazisme de préparer la mainmise sur la totalité de l'enseignement, d'assurer la « déconfessionalisation » de la vie publique. Le Pape a pu, en mai 1937, rappeler la contradiction qui oppose la morale chrétienne aux conceptions du racisme, en décembre dénoncer catégoriquement la situation faite à l'Eglise allemande par la volonté du Reich : il n'en reste pas moins que le contrôle de la jeunesse est passé entièrement, à la veille de la guerre, entre les mains de l'Etat. La facilité avec laquelle Mgr Innitzer, archevêque de Vienne, s'est incliné, après l'annexion de l'Autriche (1938), devant l'hitlérisme, n'a pas amélioré la situation des catholiques allemands.

Le conflit avec le protestantisme parut pouvoir être évité en 1933 par la rapidité avec laquelle autorités et fidèles se rallièrent au national-socialisme. Cependant Hitler, dès son arrivée au pouvoir, annonça sa volonté d'unifier l'organisation de l'Eglise évangélique : s'appuyant sur le parti des *Deutsche Christen* (chrétiens allemands), dont le théoricien, le pasteur Hossenfelder, rapprochait d'une façon singulière croix gammée et croix chrétienne, il charge de cette importante mission le Dr Muller, de Königsberg : à quoi les pasteurs orthodoxes répondent en désignant, comme « évêque du Reich », le pasteur Bodelschwingh (avril 1933). Le schisme entre Bodelschwingh, l'élu du clergé, et Muller, confirmé par Hitler comme évêque, ayant provoqué une vive effervescence, le Dr Jæger fut nommé, avec pleines pouvoirs, au titre de Commissaire de l'Eglise évangélique prussienne, et procéda à une vaste réforme administrative en introduisant dans l'organisation ecclésiastique, le « principe du chef » et en plaçant à la tête de l'Eglise luthérienne des chrétiens allemands. Le triomphe de ceux-ci s'affirma d'une façon bruyante à Berlin au cours d'une manifestation (7 novembre 1933), où ils repoussèrent la Bible comme livre sacré et déclarèrent adorer un « Christ héroïque ». Ils se rapprochaient ainsi dangereusement des théories néopaganistes de Hauer et de Reventlow. De telles outrances provoquèrent une vive réaction de la part de l'Eglise confessionnelle *(Bekenntniss-Kirche)*, dont les membres furent durement persécutés — exil du pasteur Barth —, mais qui au synode de Dahlem éleva une protestation solennelle contre le mythe de la race (mars 1935). Coupant court à ces disputes, le ministre Kerrl publia alors une série d'ordonnances qui transformaient l'Eglise en un organisme d'Etat ; supprimant les élections et dépouillant les synodes de toute autorité, il confia au Gouvernement la désignation des fonctionnaires religieux (juillet 1935). Malgré tout, le conflit persista au cours des années suivantes, la résistance étant alimentée par quelques pasteurs courageux, comme Niemœller, qui fut plusieurs fois emprisonné, l'Etat de son côté encourageant les plus vives attaques contre le christianisme. Dans ce nouveau *Kulturkampf*, il ne s'agit plus de la puissance de l'Eglise, mais du sort même du christianisme. Or en 1938 les observateurs avaient l'impression que la foi luthérienne était en train de périr d'inanition.

Que peut en effet la résistance d'une poignée d'intellectuels dans un pays qu'enivrent sa prospérité matérielle et, après tant d'années d'angoisse et de misère, le sentiment d'être emporté vers de brillantes destinées ? Du point de vue économique, le nazisme a investi l'Etat du contrôle total de l'économie, instaurant un régime de dictature économique exercé par un petit nombre de chefs entre les mains de qui sont concentrés des pouvoirs de plus en plus étendus : le général Gœring, chargé depuis 1936 de l'exécution des « plans quadriennaux », acquit ainsi un rôle capital dans la vie économique du Reich. D'autre part, s'inspirant des vues de l'économiste suédois Rudolf Kjellen, le nazisme a cherché à accroître la production des matières premières fournies par le sol allemand, à fabriquer par synthèse des produits de remplacement, afin d'assurer l'autarcie, c'est-à-dire l'indépendance économique du Reich.

Sur le plan agricole, le ministre Darré a prétendu rattacher étroitement la famille paysanne au sol qu'elle cultive, afin de créer ainsi une nouvelle « noblesse » allemande. Voulant ressusciter chez la paysannerie le sens de la dignité professionnelle, d'une hiérarchie nouvelle fondée sur le travail, il mit sur pied une vaste organisation corporative, le *Reichsnährstand*, unitaire et fortement disciplinée. Il a créé d'autre part des domaines héréditaires *(Erbhöfe)* qui ne peuvent être ni divisés ni vendus, et qui passent obligatoirement à un seul héritier. Enfin il a cherché à développer chez les paysans le souci d'adapter leur production aux besoins de la consommation nationale, d'éveiller chez eux, non le goût du gain, mais le sens de solidarité allemande. Le but commun à tous ces efforts a été d'assurer, en cas de guerre, l'autonomie du Reich en matière de ravitaillement. Au prix d'une sévère réglementation et de certaines privations, le résultat était en 1938 partiellement atteint.

Les mêmes préoccupations dominent la politique industrielle de l'Etat hitlérien. Il s'agit pour lui de mettre sur pied la puissance qui permettra à l'Allemagne d'équiper son armée et de faire prévaloir sa politique extérieure. L'on commencera par l'asservissement de la classe ouvrière, transformée en une armée de travailleurs : à la place des anciens syndicats — la grève est déclarée « offense » à la communauté — le Dr Ley crée le *Front du Travail*, qui est destiné à substituer dans l'âme ouvrière au ferment empoisonné de la lutte des classes le respect d'une discipline soldatique. Disposant de ressources considérables, le Front du Travail prend en mains l'activité totale du travailleur, même ses loisirs, qui sont sérieusement étudiés. Il veille à ce que, sans récrimination possible, parvienne jusqu'au moindre ouvrier la volonté formelle du Gouvernement. Dans cette organisation militaire, le patron malgré tout demeure, élevé en vertu de ses capacités au rang de Führer, fixant dans son entreprise les conditions du travail, les prix et les salaires. Devant lui, les « Conseils de confiance », délégués par le personnel, n'ont aucun moyen d'action. Quant aux Curateurs du travail, destinés en principe à éviter les conflits sociaux, ils ne font qu'imposer la loi nazie à chaque région économique. Bref, sous la haute autorité de l'Etat, le nazisme a réalisé une économie commandée, où le patronat garde son caractère autoritaire et assure une discipline incontestée.

En même temps que toute résistance éventuelle était ainsi éliminée, un vaste programme d'équipement industriel était mis en train. Des efforts impressionnants ont été accomplis pour mettre en valeur le sous-sol, pour développer la production de l'essence synthétique, du caoutchouc artificiel, de la laine de bois, du benzol à base de charbon, pour récupérer les métaux. Sur cette base s'est développée une formidable industrie d'armements. Cette politique économique, outre qu'elle entraînait une réduction massive des chômeurs — qui passaient de six millions à sept cent mille de 1933 à 1937 —, provoquait un vif mouvement d'affaires, dont les capitaines d'industrie se sont dans l'ensemble déclarés satisfaits. Economie planifiée, l'économie hitlérienne n'est pas en effet une économie socialiste : elle s'est révélée très favorable aux trusts, dont elle a favorisé les énormes bénéfices. Mais cet essor n'est dû, en somme, qu'à des commandes d'Etat, improductives pour la plupart, les industries de consommation ayant été entièrement négligées. Il s'est donc posé à l'Allemagne des difficultés financières que le Dr Schacht, directeur de la *Reichsbank* et ministre de l'Economie, a résolues provisoirement par la mise en circulation de billets à court terme réescomptés par la Banque d'Empire et l'extension des accords bilatéraux d'échanges ; mais, lorsque celui-ci fit savoir qu'il fallait mettre fin à l'inflation, il dut abandonner ses diverses fonctions. Il était bien évident que le déterminisme économique conduisait à la guerre un Etat qui ne voulait pas renoncer à sa volonté de puissance.

Sur le même rythme que le relèvement économique se poursuit la reconstruction de l'armée, commencée clandestinement depuis 1930, en grande partie avec les « forces noires » de caractère paramilitaire. De même qu'il a su associer le patronat à l'organisation d'une économie dirigée, Hitler saura conserver à la Reichswehr ses traditions et se concilier un corps qui pourtant avait regardé avec méfiance son ascension au pouvoir. Le coup d'Etat contre Rœhm a prouvé qu'Hitler ne voulait pas d'une milice brune révolutionnaire, mais qu'il travaillera à la création d'une grande armée nationale, la future *Wehrmacht*. En revanche cette armée, qui avait vécu de 1919 à 1933 en dehors du cadre weimarien, va accepter de se reformer dans le cadre hitlérien. Le signe de cette collaboration fructueuse, ce fut, le 16 mars 1935, le rétablissement du service militaire obligatoire, suivi de peu par la reconstitution du grand Etat-major et de l'Académie de guerre. En 1936, la durée du service militaire devait être portée à deux ans. L'Europe a enregistré le geste allemand sans autre résistance que des protestations ; le réarmement naval est sanctionné par Londres lui-même, qui signe avec le Reich un accord sur la proportion des flottes. Il est donc indiscutable que Hitler a parfaitement mené à bien la restauration de l'armée nationale : celle-ci donne aux observateurs en 1938 une impression de force, d'ordre et de parfaite préparation.

Est-il certain cependant que l'Etat-major accepte la situation qui lui est faite ? Certains éléments ne regrettent-ils pas la puissance politique dont disposait l'armée sous l'Empire ? Quoi qu'il en soit, au début de 1938, Hitler jugea bon d'écarter, avec le général von **Fritsch**, une cinquantaine d'officiers supérieurs et de réorganiser le commandement. L'armée, portée au plus haut degré de puissance, est devenue prisonnière du nazisme. Elle allait devenir entre ses mains le grand instrument de domination européenne.

Car le régime nazi a été établi, non en vue de la réforme intérieure, mais en vue de la politique étrangère. Et dans ce domaine, Hitler a défini dans *Mein Kampf* un programme qui, s'il s'écarte provisoirement de l'idée coloniale, reprend les grands thèmes de la propagande pangermaniste. Hitler veut qu'utilisant les sympathies anglaises et italiennes, l'Allemagne commence par détruire la puissance militaire de la France, puis qu'elle se retourne contre la Russie soviétique : dans cette double action, elle combattra à la fois, ce qui est conforme à l'essence du nazisme, la ploutocratie occidentale et le communisme slave. Et c'est ainsi que pourra, selon Hitler, se réaliser le rêve de la « Grande Allemagne », qui certes ne se contentera pas de ses frontières de 1914, « momentanées et fortuites », mais à qui, étendue à tous les pays de langue allemande,

AVANT

doit revenir la réorganisation du continent européen. Au service de ces aspirations, Hitler soutint que l'utilité de la communauté étant la mesure du droit, il n'existe pas de droit humain qui puisse s'opposer à la loi de nature qui condamne les faibles.

Toutefois, chef de l'Etat allemand, Hitler commence par cacher son jeu et affirmer sa volonté de paix : von Neurath, qui a gardé le personnel de la Wilhemstrasse, est destiné à inspirer confiance. L'Allemagne, déclare Hitler, est prête à brandir le rameau d'olivier, mais elle exige de ne plus être traitée en paria ; elle réclame la *Gleichberechtigung*, l'égalité des droits. C'est à ce titre qu'Hitler décide, le 14 octobre 1933, de sortir de la S. D. N. ; c'est à ce titre qu'après le plébiscite de la Sarre, qui a donné une énorme majorité en faveur du retour à l'Allemagne (13 janvier 1935), il déclare qu'il n'existe plus de sujet de litige entre l'Allemagne et la France. Mais c'est à ce titre également qu'il peut dénoncer les accords de Locarno et remilitariser la rive gauche du Rhin (7 mars 1936).

S'étant aperçu qu'aucune réaction sérieuse ne s'était opposée à cette épreuve de force, Hitler va pouvoir maintenant élever le ton ; c'est la réunion de tous les Allemands à la patrie allemande qu'il se croit en droit de réclamer. Le rapport Hossbach de l'automne 1937 fit la preuve que Hitler était décidé à cette date à assurer à l'Allemagne, dans les plus brefs délais, son « espace vital », au besoin par la guerre ; et aux objections qui lui furent opposées, il opposa une fin de non-recevoir. L'Autriche est le premier objectif visé. Lors de son arrivée au pouvoir, Hitler trouve d'ailleurs des jalons posés sur la voie de l'*Anschluss* : depuis 1926 il existe des groupements nazis en Autriche ; depuis 1931 un accord économique étroit a été signé entre les deux puissances.

Le plus grave, c'est que les nazis allemands ont organisé partout des centres d'espionnage et que leur propagande est facilitée par le désordre financier et l'excès même de la misère où est plongée l'impuissante petite République. Le chancelier Dollfus, catholique pratiquant, s'oppose à leur action, mais il entreprend par ailleurs de réduire les partis marxistes, très puissants dans la capitale hypertrophiée de l'Autriche, et dont les armements sont menaçants ; il les écrase en février 1934, se privant ainsi d'un concours qui lui eût été utile contre les hitlériens. Une première tentative d'*Anschluss*, à la suite de l'assassinat de Dollfus par des nazis autrichiens (25 juillet 1934), avait échoué devant la mobilisation italienne. Mais le rapprochement germano-italien, pendant la guerre d'Ethiopie, affaiblit progressivement la résistance autrichienne. L'accord de juillet 1936 entre le Reich et l'Autriche reconnaît la souveraineté de l'Etat autrichien, mais n'arrête pas, tout au contraire, la nazification. Le chancelier **Schussnigg**, qui a succédé à Dollfus, est progressivement débordé. Après avoir modifié son Etat-major et remplacé von **Neurath** par **von Ribbentrop**, représentant de la politique d'intimidation (février 1938), Hitler se décide enfin à frapper le grand coup : il soumet Schussnigg, convoqué dans sa résidence de Berchtesgaden, à un ultimatum qui lui impose le nazi **Seyss-Inquart**, comme ministre de l'Intérieur ; et, comme Schussnigg avait malgré tout décidé d'appuyer l'indépendance de son pays sur un plébiscite, les troupes allemandes, à l'appel de Seyss-Inquart, font, le 12 mars, leur entrée à Vienne. L'annexion n'avait pas soulevé d'opposition de la part de l'étranger. Le Reich grand-allemand, avec 75 millions d'habitants, se trouvait fondé.

La victoire nazie en Autriche représentait un

encouragement pour la minorité allemande de Tchécoslovaquie, forte de trois millions d'hommes. L'agitateur des Sudètes, **Conrad Henlein,** s'était d'abord contenté de réclamer l'autonomie administrative. Quand Berlin se fût assuré, après la visite du Führer à Rome (mai 1938) l'alliance italienne, déjà cimentée par l'action commune sur les champs de bataille espagnols en faveur du général **Franco,** la question tchécoslovaque fut placée sur le plan international : il s'agissait pour l'Allemagne de détruire un Etat qui est lié à la France par un accord militaire défensif et, qui plus est, constitue aux portes de l'Allemagne un foyer de « bolchévisation ». Mais, pour le moment, on n'évoque encore que le point de vue racial. Berlin s'oppose à toutes les tentatives de compromis entre Tchèques et Sudètes qu'élabore le président **Bénès** à la demande du délégué anglais à Prague, Lord **Runciman.** Le 6 septembre, au Congrès de Nüremberg, Hitler fait savoir qu'il ne se laissera pas intimider par les menaces d'intervention des puissances occidentales en faveur de la « Tchéquie » ; le 12, il annonce qu'il fera triompher le droit des peuples à disposer d'eux-mêmes, le 14, les négociations sont rompues entre Prague et Henlein. Dès lors la guerre est en vue : le double voyage du premier Anglais, **Chamberlain,** en Allemagne, ne parvient pas à faire revenir Hitler sur sa décision. « Le 1er octobre, affirme-t-il encore le 26 septembre, Bénès me rendra mes Allemands, ou j'irai les reprendre. » Des mesures de mobilisation furent prises de part et d'autre. Cependant ni à Londres, ni à Paris, l'opinion n'était favorable à la guerre : les démocraties cédèrent. Le 30 septembre, l'*accord de Munich* sauvait provisoirement la paix du monde, mais au prix du démembrement de la Tchécoslovaquie et, en fait, de son indépendance diplomatique et militaire. Bénès dut démissionner.

Après le démembrement, l'anéantissement. Bien que l'accord de Munich ait prévu la garantie internationale des frontières de l'Etat tchécoslovaque et bien qu'Hitler eût affirmé qu'une fois la question sudète résolue « il n'y aurait plus pour l'Allemagne de problème territorial en Europe », le Chancelier, après avoir provoqué la rupture entre Tchèques et Slovaques et constaté la « décomposition » du pays, fit venir le 15 mars 1939 M. Hacha, président de la République, à Berlin et l'obligea à remettre entre ses mains la destinée de son peuple : la Slovaquie fut transformée en un Etat indépendant, la Bohême et la Moravie placées sous le « protectorat » du Reich.

Les grands succès de la politique extérieure de Hitler s'expliquent non seulement par l'habileté de la tactique, qui sut joindre aux coups de force les déclarations pacifiques et lénifiantes, laissant entendre que la revendication satisfaite serait la dernière, mais aussi par les défaillances des démocraties occidentales, en particulier de la Grande-Bretagne, dont la politique d'*appeasement* a été dictée par le souci d'isoler l'Union soviétique, considérée comme le principal danger pour la paix européenne.

Six mois après l'invasion de la Tchécoslovaquie, l'Allemagne, non sans avoir par le pacte germano-soviétique modifié son système d'alliances et intéressé l'U. R. S. S. à un « quatrième » partage de la Pologne. Invoquant l'impossibilité de concilier avec l'honneur national l'existence, entre la Prusse orientale et le corps principal de l'Etat, d'un « corridor » polonais, prétextant au dernier moment des violences odieuses contre les minorités allemandes, elle faisait entrer le 1er septembre 1939 ses troupes en territoire polonais, déclenchant ainsi l'intervention de l'Angleterre et de la France qui, au mois d'avril, avaient offert leur garantie à la Pologne.

Une préparation très supérieure a valu à l'Allemagne pendant les trois premières années de la guerre d'éclatants succès : destruction de l'Etat polonais qui fut partagé avec l'U. R. S. S. (décembre 1939), victoire sur la France dont la moitié du territoire fut occupée (juin 1940), conquête de la Yougoslavie et de la Grèce (mai 1941), enfin premières victoires sur l'U. R. S. S. où les armées allemandes se rendirent maîtresses d'immenses territoires allant du Caucase au golfe de Finlande (1941-1942). Ces succès ont autorisé l'Allemagne à croire que le rêve pangermaniste allait enfin se réaliser. Au Reich allemand devait appartenir la direction du « grand espace » européen, de même qu'au Japon revenait la direction de l'espace grand asiatique. La position centrale que le destin avait donnée au peuple allemand revêtissait enfin sa vraie signification ! Le Reich, c'était, au dire d'un auteur nazi, « le devoir allemand d'assurer sa pleine responsabilité en constituant une puissance organisatrice au-dessus des Etats ».

L'on vit par suite surgir en 1941 et en 1942 dans une Europe asservie, un système mûrement réfléchi, reposant sur l'inégalité des races et des droits investis à chacune de ces races. Dans certaines régions — Alsace-Lorraine, Luxembourg, Wartheland —, les populations furent purement et simplement intégrées au Reich, vidées auparavant des éléments indésirables qui firent place à des colons allemands. Ailleurs — là où les éléments allogènes étaient en trop grand nombre pour être absorbés aussitôt — sont créés des Etats autonomes, mais « protégés » par l'Allemagne : Protectorat de Bohême-Moravie, Gouvernement général pour les territoires polonais occupés. Plus loin le Reich crée des Commissariats d'Empire, comme pour la Norvège, la Hollande et les territoires de colonisation de l'Est : Ukraine et « Ostland » (Pays baltes et Russie blanche). Ailleurs enfin le Reich se contente d'une administration militaire, ce qui n'exclut d'ailleurs pas l'asservissement économique et même la colonisation, comme par exemple dans les Ardennes françaises où l'Allemagne mit la main sur les installations agricoles. N'oublions pas le sort des pays « alliés » — Hongrie, Slovaquie, Roumanie, Italie même —, pour lesquels la suzeraineté du Reich se matérialise par l'arbitrage obligatoire en cas de désaccord, l'organisation des échanges commerciaux et la reconnaissance dans le pays même de minorités allemandes avec leur statut racial. La nécessité de briser les résistances entraîne la création d'un vaste « système concentrationnaire », tandis que la décision prise à froid d'exterminer les races dites inférieures amène les nazis à réaliser « la solution finale » et à mettre à mort, dans les ghettos, puis dans les chambres à gaz au moins six millions d'Israélites.

Que l'on n'aille pas s'imaginer que ce système ait été conçu à la seule fin de gagner la guerre et qu'il eût disparu une fois la paix signée : d'innombrables citations prises dans les revues allemandes démontrent qu'il s'agit d'une pensée bien arrêtée dès 1939, et dont les principes fondamentaux n'ont guère varié. Qu'on n'aille pas non plus demander où se seraient arrêtées les ambitions allemandes : c'est là une question à laquelle il est impossible de répondre, car le Reich, selon la vieille formule romantique, n'est pas un Etat, mais un organe de direction et d'organisation.

L'alliance de l'U. R. S. S. et des démocraties anglo-saxonnes a jeté ce rêve à terre. D'ailleurs Hitler n'avait conçu la guerre que sous la forme d'un *Blitzkrieg*, qui devait lui rapporter la victoire en quelques semaines ; et ce n'est qu'en 1942 que, sous l'influence du nouveau ministre des Armements, Albert Speer, fut mise sur pied une véritable économie de guerre, grâce à un développement rapide de la production industrielle. Pas plus qu'il n'avait préparé une guerre longue, Hitler ne s'était vraiment fait une conception d'ensemble de sa politique de guerre ; c'est ainsi qu'il hésita constamment, notamment dans son attitude à l'égard du régime pétainiste en France entre la collaboration et l'exploitation économique des peuples vaincus et qu'il laissa échapper, en Russie occupée, l'occasion d'utiliser les forces d'opposition au régime soviétique. Epuisée par la résistance russe, attaquée par les Anglo-Saxons en Afrique (1942), en Italie (1943), puis sur le sol français (1944), submergée par un matériel très supérieur, l'armée allemande n'a pu empêcher l'envahissement du sol allemand et finalement la prise de la capitale même du Reich, qui fut suivie de la capitulation sans condition de toutes les forces militaires allemandes (8 mai 1945).

L'Allemagne, certes, n'était pas restée indifférente à une si effroyable catastrophe. Mais la résistance allemande au régime, si elle s'étendit à toutes les couches de la population, ne fut jamais le fait que de groupes isolés, les uns conservateurs autour du général Beck, chef d'état-major jusqu'en 1938, et du bourgmestre de Leipzig Gœrdeler, catholiques dans le cas de la Rose blanche à Munich, libéraux dans le groupe de Kreisau autour de Helmuth von Moltke, les autres de gauche (socialistes, syndicalistes et communistes, ces derniers en étroite relation avec l'Union soviétique par l'intermédiaire du Comité national de l'Allemagne libre créé à Moscou après la défaite de Stalingrad). Les projets d'arrestation de Hitler tramés dans certains milieux militaires dès 1938 avortèrent. Ce n'est qu'après les premières défaites sur le front russe que le mouvement prit de l'ampleur, sans toutefois aboutir à un plan d'ensemble. L'événement capital fut l'attentat contre Hitler, préparé par le colonel v. Stauffenberg (20 juillet 1944), dont l'échec provoqua une vague d'arrestations et de suicides, notamment dans les milieux militaires. C'est dans le parti lui-même que se tramèrent les derniers complots, auxquels mit fin, après de multiples hécatombes, le suicide de Hitler (30 avril 1945).

Chapitre VII

L'ALLEMAGNE DIVISÉE

Frappée par une catastrophe sans précédent dans son histoire, ses grandes villes rasées, ses industries partiellement épargnées par les bombardements, mais paralysées par l'absence de transport, occupée par les armées de quatre puissances, dépourvue de monnaie et réduite au troc, l'Allemagne n'est plus que l' « objet » de la politique mondiale ; et c'est en dehors d'elle que les « Trois Grands », réunis à Potsdam (2 août 1945), décident l'amputation des territoires à l'Est de la ligne Oder-Neisse, réduisant la superficie du territoire allemand de 24 % et détruisant la Prusse historique. L'autorité suprême sera exercée dans les 3, puis dans les 4 zones d'occupation par les commandants en chef des forces armées ; un Conseil quadripartite siégera à Berlin, elle-même divisée en 4 secteurs. Si une certaine autonomie était réservée au *Länder* sur une base démocratique, il était prévu à Potsdam qu'aucun gouvernement central ne serait pour le moment rétabli en Allemagne.

Ce furent les divisions idéologiques entre l'U. R. S. S. et les puissances occidentales qui permirent à celle-ci de retrouver rapidement sa souveraineté nationale. La première étape fut franchie quand, en juillet 1946, les deux zones anglaise et américaine fusionnèrent dans une Bizone, qui devint Trizone à la fin de 1948 par l'intégration de la zone française. Après que fût constaté aux conférences de Moscou et de Londres (mars et novembre 1947) l'impossibilité d'une entente, la conviction prévalut dans les milieux politiques occidentaux qu'il était nécessaire de restituer à l'Allemagne sa souveraineté politique et son potentiel économique, afin qu'elle constituât un rempart contre le communisme. Les recommandations de Londres (juin 1948) prévirent, outre la convocation d'un Conseil parlementaire pour l'Allemagne de l'Ouest, la mise en marche d'une réforme financière destinée à rendre à l'Allemagne occidentale une monnaie stable, émise en quantité limitée et inspirant aussitôt confiance. La réponse soviétique, qui consista dans le blocus des secteurs occidentaux de Berlin, demeura vaine, les Alliés ayant constitué un pont aérien, susceptible d'assurer le ravitaillement de cette ville, devenue le symbole, l'avant-poste occidental affrontant la poussée du monde communiste. L'étape décisive fut atteinte, quand, en vertu des Accords de Washington (avril 1949), les gouvernements militaires firent place à une Haute-Commission alliée tripartite qui devait entrer en fonction dès que le gouvernement allemand aurait été formé.

Dès lors la coupure est réalisée entre deux Etats, dont l'un, la République fédérale rassemblant les trois-quarts de la population allemande (61 millions sur 78), prend son appui sur l'Occident, l'autre, la République démocratique, évolue dans l'orbite des Républiques populaires, reflet de deux conceptions politiques et morales qui semblaient alors se partager le monde.

I. — La République fédérale d'Allemagne

Les chrétiens-sociaux au pouvoir. — Le Conseil parlementaire créé en juin 1948 adopta en mai 1949 la loi fondamentale de la République fédérale d'Allemagne, dotant chacun des 11 Länder (ramenés en 1951 à 8, puis à 10 depuis le rattachement de la Sarre en 1957) d'une large autonomie culturelle et scolaire, d'un *Landtag* élu et d'un gouvernement responsable, mettant pourtant l'accent sur les institutions centrales. Evitant les inconvénients du régime présidentiel, la nouvelle constitution faisait nommer le Président pour cinq ans par le *Bundestag* et ne lui conférait que des pouvoirs réduits ; quant au pouvoir législatif, il était partagé entre le *Bundestag*, élu pour quatre ans au suffrage universel selon un système combinant les scrutins majoritaire et proportionnel et à qui revenait de choisir le chancelier, et un *Bundesrat* représentant les *Länder* et disposant du droit de veto. D'esprit très démocratique, la constitution garantissait les libertés essentielles, même l'objection de conscience, et autorisait le transfert de certaines prérogatives de l'Etat à des organisations internationales. Les élections au *Bundestag* du 14 août 1949 ont montré que la vie politique allemande allait être dominée par l'opposition entre le parti social-démocrate, rapidement réorganisé sous la direction d'un militant anti-fasciste, Kurt Schumacher, très hostile au communisme, mais dont les intransigeances à l'égard des Alliés déconcertèrent l'opinion, et le parti chrétien-social C. D. U.-C. S. U., qui correspondait mieux aux aspirations des classes moyennes, et qui en s'unissant aux libéraux (F. D. P.) et au parti allemand (D. P.), de tendance nationaliste, s'empara du pouvoir et désigna comme chancelier le Dr Konrad Adenauer, ancien maire de Cologne, porté depuis 1946 à la présidence de la C. D. U. La stabilité du gouvernement, ainsi que la rapide reconstruction matérielle du pays, ont permis à la République fédérale de reconquérir des prérogatives nationales : dès 1950 des négociations ont été envisagées pour obtenir sa participation à la défense occidentale ; en mars 1951 elle a reconstitué son ministère des Affaires étrangères ; en juillet la cessation de l'état de guerre a été proclamée. Ce sont enfin les accords de Paris d'octobre 1954 qui mettront fin au régime d'occupation : « La République fédérale exercera en conséquence la pleine autorité d'un Etat souverain sur les affaires intérieures et extérieures. »

La République de Bonn a mené depuis lors une vie politique sans à-coups et d'une étonnante stabilité. Elle a été dominée par la figure d'Adenauer qui n'a pas quitté la Chancellerie jusqu'en 1963, tout en assurant la direction des Affaires étrangères. Le caractère personnel et autoritaire qu'il a imposé au régime — l'on a pu parler d'une *Kanzlerdemokratie* — contraste d'ailleurs avec les allures simples et l'esprit humaniste du Président de la République, Theodor Heuss, qui appartient au parti libéral. En fait le Chancelier, qui ne peut être renversé par le *Bundestag* que si celui-ci a auparavant désigné son successeur, n'a eu guère à composer avec l'opposition, car la Social-démocratie, bien qu'elle ait mis au point lors de son Congrès de Godesberg (1959), sous l'influence d'hommes comme Fritz Erler, Guido Schmid et Herbert Wehner, un programme qui abandonnait, avec l'idéologie marxiste, toute velléité révolutionnaire, se ralliait au principe de la libre concurrence sur le plan économique, faisait appel à l'éthique chrétienne et à la philosophie humaniste pour justifier le socialisme et cherchait à s'attirer les classes moyennes au sein d'un corps électoral où les ouvriers devenaient de plus en plus minoritaires, ne put pourtant pas jusqu'en 1969 dépasser la barre des 40 % et resta très en arrière de la C. D. U. Celle-ci, issue des milieux syndicalistes chrétiens et anti-hitlériens, est un parti inter-confessionnel, plus particulièrement axé sur l'électorat catholique, mais éminemment conservateur et qui doit son succès fulgurant à l'appui que lui a donné le monde de l'industrie. Dans son adhésion au libéralisme économique, elle reçoit l'appui de la *Freie Demokratische Partei (F. D. P.)*, qui se distingue pourtant d'elle par son attachement à la laïcité de l'école et à toute confusion entre l'Eglise et l'Etat. Dominée par la coalition chrétienne-sociale et libérale, la vie parlementaire, malgré les quelques scandales que se plaît à dévoiler le *Spiegel*, est sans passion aucune ; et la discipline des groupes, qui est totale, permet de connaître à l'avance, à quelques voix près, le résultat du vote. Le *Bundestag* est devenu un organe d'enregistrement.

L'orientation conservatrice du gouvernement Adenauer est d'autant plus forte que les groupes de pression sont orientés à droite. Vis-à-vis des organisations patronales, dont la plus importante est la Confédération des Associations d'Employeurs (B. D. A.), qui ont l'oreille de la Chancellerie, la Confédération des Syndicats allemands (D. G. B.), bien que ses effectifs soient élevés, n'a pas pu faire de la cogestion, créée en 1951, une arme efficace entre les mains du monde ouvrier, qui n'y dispose pas d'une place paritaire, et ne se résout qu'exceptionnellement à la grève, devenue impopulaire. Par contre l'appui de l'Eglise catholique, qui met au premier rang la défense des valeurs de la « civilisation occidentale », donc la lutte contre le communisme, constitue pour le régime un atout précieux, alors que l'Eglise protestante (E. K. D.), qui a accompli un remarquable redressement spirituel, se trouve davantage divisée sur les problèmes de réunification et de réarmement. Enfin, dans un pays où le rôle politique des intellectuels, réfugiés dans leur tour d'ivoire est très faible, la presse qui, comme la *Bild-Zeitung*, est presque entièrement entre les mains de la firme réactionnaire d'Axel Springer, et où les organes indépendants sont l'exception, joue un rôle important dans la défense de l'ordre moral.

L'ère Adenauer peut enfin tirer parti du « miracle économique » des années 50, dont les causes sont multiples, les unes d'ordre moral : la volonté indomptable du peuple allemand de sortir de la misère, un étonnant esprit d'organisation et d'initiative ; les autres démographiques : l'apport de 13 millions de « réfugiés », décidés à refaire leur vie et constituant un freinage aux revendications salariales ; les autres économiques : l'existence d'un potentiel industriel que ni la guerre ni les démontages n'avaient entamé et dont l'aide financière des Etats-Unis a permis le renouvellement ; les autres enfin plus précisément politiques : la décision du Dr Erhard, ministre de l'Economie, d'accorder la priorité aux considérations économiques, non pour satisfaire la demande des consommateurs, mais pour favoriser les investissements productifs, qui devaient l'emporter sur l'esprit immédiat de jouissance et donner une base solide à l' « économie de marché ». La disparition du chômage, l'excédent de la balance commerciale, qui donne à l'Allemagne fédérale le deuxième rang dans le commerce mondial, l'accroissement rapide du niveau de vie de la population, l'intégration de la masse des réfugiés ont récompensé cet effort. Mais la conviction s'est affirmée dans le peuple allemand, à l'ombre du dogme du libéralisme économique, que l'économique était le seul créateur, le rôle de la politique étant réduite à celui d'un simple régulateur. Aussi de bonne heure a-t-on renoncé aux transformations de structure, aux idées de planification et de nationalisation, synonymes de contrainte. L'idéologie de la prospérité s'est montré indulgente à la reconstitution des *Konzern* qui dominaient naguère l'industrie allemande.

L'entrée dans une ère de prospérité a donné aux Allemands le moyen de « surmonter » leur passé et d'éliminer les poisons du nazisme. Bien que la dénazification ait été souvent aveugle et aléatoire, les relans de l'hitlérisme ont été combattus avec énergie et efficacité ; et il ne suffit pas de citer le nom du Dr Globke, ancien commentateur des lois raciales de 1935, devenu conseiller du Chancelier, pour prouver que le personnel gouvernemental est de tendance hitlérienne. Au contraire, le Chancelier a tenu, en honorant le traité germano-israélien, à réparer les crimes « indicibles » commis contre l'humanité ; et les jeunes générations ont entrepris avec courage la révision des valeurs sur lesquelles vivaient leurs aînés. Cependant un autre danger menace la République de Bonn, à savoir la croyance dans les bienfaits de la civilisation technique, qui finirait, en émoussant la vigilance démocratique, de laisser se reconstituer rapidement les forces réactionnaires et militaristes assoiffées de « revanche ». Ce péril n'est pas sans consistance, si l'on songe que certains éléments de la *Bundeswehr*, formée au temps de la guerre froide, a fondé sa stratégie sur une politique de force contre le camp socialiste et soutient fermement le projet d' « état d'urgence » qui permettrait, dans certains cas graves, au gouvernement de suspendre l'exercice des droits fondamentaux.

C'est en effet dans le camp occidental que s'est engagée profondément la politique extérieure du Chancelier. Entre la réunification comportant un danger de « communisme » pour l'Allemagne de l'Ouest et l'absence de réunification avec certitude pour elle de conserver ses libertés, Bonn a préféré la seconde solution. C'est dans cet esprit qu'Adenauer a envisagé le réarmement du pays sous la forme d'une *Bundeswehr* rattachée à l'O. T. A. N. (1954), l'entrée dans le Marché commun (1957), le rapprochement politique avec la France, mené avec vigueur depuis que le général de Gaulle a pris le pouvoir à Paris et qui a abouti à la signature du traité de janvier 1963, conférant ainsi à sa diplomatie le caractère « européen » que souhaitait une opinion consciente des désastres dont l'excès du nationalisme avait été la cause, mais qui n'affaiblissait pas la conviction, depuis l'établissement du pont aérien, que seule l'aide militaire des Etats-Unis pouvait garantir l'indépendance de la République fédérale. Quel était le but poursuivi par le Chancelier ? Il savait parfaitement qu'étant donné les dispositions de ses alliés, l'Allemagne, si pénible que fût pour elle la perte de territoires allemands par le peuplement et l'histoire, ne pouvait pas mettre en cause la ligne Oder-Neisse ; mais il peut compter sur l'appui des Occidentaux pour défendre Berlin-Ouest et par conséquent le libre accès à l'ancienne capitale allemande ; il obtient que les plus hautes personnalités politiques apportent au maire socialiste de Berlin, Willy Brandt, l'assurance de leur soutien. A travers les vicissitudes de la Guerre froide et des relations germano-soviétiques — Adenauer a négocié en 1955 à Moscou la reprise des relations diplomatiques —, le gouvernement de Bonn n'a pas cessé, soutenu en cela par l'opinion, de maintenir que seules des élections libres, et non des négociations entre les deux « Etats » en vue d'une « confédération », pouvaient préluder à la réunification de l'Allemagne.

Depuis le moment où, après une opiniâtre résistance, Adenauer, âgé de 87 ans, dont le pouvoir a été ébranlé par le scandale qu'a constitué l'arrestation illégale de plusieurs journalistes du *Spiegel*, a dû passer la main à Ludwig Ehrard (1963), la situation de l'Allemagne, tant sur le plan intérieur que sur le plan international, semble donner lieu à des critiques plus acerbes. Non que le nouveau Chancelier n'ait joui longtemps d'une solide popularité auprès du peuple allemand, qui se retrouve volontiers dans ses allures joviales et débonnaires. Non que la vie politique ait été transformée, puisque les élections de septembre 1965, contrairement à l'attente générale, ont confirmé la prééminence de la C. D. U., qui dispose de 47 % des voix contre 39 % à la social-démocratie, et que le gouvernement s'est reconstitué sur la base d'une coalition entre C. D. U. et F. D. P. Cependant des indices laissent prévoir un certain essoufflement de l'économie, tandis que les régions minières et métallurgiques traversent une crise de réadaptation et que s'expriment les craintes d'inflation, au point que l'on dit volontiers qu'au miracle économique a succédé « la stagnation dans l'inflation » *(Stagflation)*. Significative également est la difficulté où se trouve l'Allemagne de définir sa politique étrangère, entre les Etats-Unis, que ménage le ministre des Affaires étrangères Schröder et la France gaulliste, favorable à l'indépendance de l'Europe entre les deux blocs, qui a les sympathies du leader catholique bavarois Josef Strauss. En face du départ de la France de l'O. T. A. N., l'on assiste à une certaine résurgence du nationalisme d'extrême-droite : la division des esprits que provoque la prolongation du délai de prescription pour les crimes nazis est significative de cet état d'esprit.

Dénonçant l'immobilisme gouvernemental, et inquiets de ne pas atteindre lors des prochaines élections la barre des 5 % qui leur permet de se maintenir au *Bundestag*, les libéraux ont provoqué en 1966 une crise politique, dont l'issue est la constitution d'un gouvernement présidé par Kurt-Georg Kiesinger, ancien ministre C. D. U. du Bade-

Wurtemberg, qui opte aussitôt pour une « grande coalition » avec les sociaux-démocrates et offre le portefeuille des Affaires étrangères à Willy Brandt, porté depuis deux ans à la Présidence de son parti. Mais cette solution n'a fait qu'accentuer l'atonie politique, puisque les deux partis associés représentent 87 % des voix et porte l'agitation en dehors des murs du *Bundestag*. A droite les ex-nazis, groupés dans le parti national-démocrate allemand (N. P. D.) autour d'Adolf von Thadden, ressassent des slogans antisémites et pangermanistes. A gauche des étudiants, soutenus par quelques universitaires sous le signe de la Fédération des Etudiants socialistes (S. D. S.), mènent une « opposition extraparlementaire » (A. P. O.), qui met en cause la sclérose de l'enseignement universitaire, les méfaits de la société de consommation, la législation de l'état d'urgence, et, invoquant les thèses de Marcuse sur le rôle des minorités agissantes, déclenchent à l'occasion de la guerre du Vietnam, des heurts d'une exceptionnelle violence contre la police berlinoise (1967-1968) : agitation qui culmina avec le coup de feu qui atteignait l'étudiant contestataire Rudi Duschke en avril 1968, mais que les divisions internes, et surtout l'indifférence du monde ouvrier conduisirent à l'échec. Cependant, sur le plan politique, l'élection à la Présidence de la République, comme successeur de Heinrich Lübke suspect d'avoir travaillé pour le compte des nazis, de Gustav Heinemann, transfuge de la C. D. U. passé à la social-démocratie et connu par son hostilité à la politique du réarmement, sonna le glas de la « grande coalition » et préluda à la formation d'une nouvelle majorité au lendemain des élections de septembre 1969, reposant sur l'alliance des sociaux-démocrates et des libéraux, au sein desquels prévalait, depuis l'année précédente, le courant réformateur. La C. D. U était reléguée dans l'opposition

Les sociaux-démocrates au pouvoir. — Aussitôt formé, le cabinet Willy Brandt, dans lequel le libéral Walter Scheel occupe les Affaires étrangères, se trouve pris entre la Jeunesse du parti, les *Jusos*, qui, hostiles au programme de Godesberg, souhaitent l'entrée en vigueur d'une législation socialiste et le F. D. P., resté fidèle au libéralisme économique. S'il a été difficile à Brandt de démocratiser la vie économique et sociale, comme il l'avait promis aux syndicats — ce qui a provoqué une série de « grèves sauvages » et en 1971 une vive agitation dans la métallurgie —, il réussit du moins à mettre sur pied la politique d'ouverture à l'Est — l'*Ostpolitik* —, commencée à petits pas du temps de la Grande coalition, et qui doit permettre à la R. F. A. de retrouver sa place dans les affaires internationales, de se soustraire à la sujétion américaine et de jouer en Europe la place que lui confère sa puissance économique. Il était nécessaire, à cet effet, que Bonn reconnût la perte définitive des provinces de l'Est et les frontières de la R. D. A. Les négociations de Brandt et de son homologue de la R. D. A., Willy Stoph, ayant été sans résultat, des contacts directs furent pris par l'intermédiaire d'Egon Bahr, avec l'U. R. S. S. et la Pologne, qui aboutirent à la reconnaissance des frontières actuelles. Pour montrer qu'une page d'histoire était tournée, le Chancelier s'était rendu lui-même dans les capitales des deux Etats et s'était recueilli à Varsovie devant les ruines de l'ancien ghetto. Malgré une très violente opposition de la C. D. U., dirigée par Josef Straus et orchestrée par Rainer Barzel, président du parti, et l'intervention massive de l'épiscopat catholique et des forces patronales, les élections de 1972 constituèrent un triomphe pour Brandt, qui se vit confirmé de façon éclatante dans ses fonctions de Chancelier. Il lui fut possible, sur le plan politique pan-allemand, de « normaliser » les rapports avec la R. D. A., dont les positions se sont assouplies depuis que Honeker a succédé à Ulbricht à la tête de l'Etat, par un « traité fondamental » (décembre 1972), qui créa un *modus vivendi* durable entre les deux Allemagnes, et qui fut suivi d'un accroissement considérable des relations commerciales et de l'assouplissement des contraintes de transit. Cependant, hors d'état de faire aboutir les problèmes sociaux que posaient la généralisation de la cogestion et la création d'un patrimoine financier au profit des salariés, aux prises avec la récession économique, Brandt fut obligé de démissionner quand il fut prouvé qu'à son insu s'était glissé dans son entourage un espion de la R. D. A., Günter Guillaume (mai 1974). Ministre des finances, Helmut Schmidt lui succéda à la Chancellerie, apportant avec lui un sens autoritaire de l'Etat et d'éminentes qualités de gestionnaire. Sans innover profondément, Schmidt poursuivit cependant l'*Ostpolitik*, élément fondamental des relations Est-Ouest et tenta d'étendre la cogestion aux industries autres que le charbon et l'acier, non sans devoir faire d'importantes concessions à ses alliés libéraux. Ce qui le préoccupe essentiellement, en cette période de nouvelle tension internationale, c'est, tout en affirmant son attachement au désarmement, d'assurer vis-à-vis de l'Union soviétique le « rattrapage » de l'armement occidental par l'installation sur le sol allemand d'euromissiles américains. Mais il apparaît que, depuis les élections de 1976, le parti social-démocrate est victime d'une double érosion, provenant d'une part de ceux qui lui reprochent son indulgence vis-à-vis des contestataires, d'autre part de ceux qui, avec Ehrard Eppler, voient en lui un prisonnier de l'ordre capitaliste.

C'est que le gouvernement social-démocrate doit faire face, depuis la fin des années 60, à une transformation profonde de l'Allemagne fédérale, qui met en question les acquis de la société d'abondance et de consommation qui avait prévalu pendant deux décennies. Malgré une gestion rigoureuse, l'Allemagne n'a pas échappé au dérèglement des économies occidentales après le choc pétrolier. Certes l'inflation y a été modérée, et le commerce extérieur est resté excédentaire ; mais elle a vu monter le nombre des chômeurs (2 500 000 en 1983), se multiplier les faillites et reculer les investissements ; phénomènes de récession qui n'empêchent pas une immigration de 5 millions d'étrangers — Turcs en majorité — qui constituent dans les grandes villes de véritables ghettos et suscitent des phénomènes racistes de rejet. Devant les difficultés économiques grandissantes, l'endettement public a pris des proportions catastrophiques, et le système de protection sociale paraît difficile à financer. Malgré la prospérité dont continue à jouir la R. F. A., le système sur lequel elle s'est bâtie est remis en question.

A la crise économique correspond une mutation des valeurs, que la législation social-démocrate, en particulier sous Willy Brandt, a contribué à accélérer, en cherchant à rendre la société moins répressive et en éliminant les structures de dépendance et de soumission. Ces aspirations sont particulièrement sensibles dans la jeunesse, qui rejette d'une part l'attitude de ses parents qui ont accepté de se soumettre aux injonctions du national-socialisme, mais encore la civilisation matérialiste qui a prévalu depuis les années 50 sous le signe de l'enrichissement général. Aux lois de l'effort, l'on a voulu opposer une nouvelle manière de vivre, valorisant le temps libre ; habitué à plus de facilité, l'on a éprouvé le dégoût pour une civilisation exclusivement tournée vers la production des biens matériels. De cette orientation des esprits découlent l'entrée de la sexualité dans le domaine public, la généralisation du divorce, le recul de la pratique religieuse, du moins dans les villes, le relâchement des liens familiaux, la contestation du droit de propriété, et même, s'appuyant sur l'autorisation de l'objection de conscience, le refus de servir sous les drapeaux une patrie dont on rejette l'autorité morale. A ces signes de désarroi correspondant les « mouvements pour la paix » qui, lançant un appel angoissé à la détente internationale, peuvent rassembler des centaines de milliers de participants.

Peut-on parler d'une opposition au régime ? La désagrégation en 1969 de l'opposition extra-parlementaire n'a pas mis fin à l'action de groupuscules extrémistes qui, comme la bande Baader-Mainhof, remettent en question l'ordre existant et tentent de le renverser par la violence et le terrorisme, poursuivant jusqu'en 1977 l'enlèvement de personnalités marquantes de l'*establishment*, tandis qu'une presse fascistisante liée au trust Springer utilise ces actions pour déconsidérer les pouvoirs publics. Le mythe de la contamination par une « contre-culture » est assez fort pour que les ministres de neuf *Länder* demandent des mesures disciplinaires contre des éléments suspects dans les divers services publics. Un certain nombre de contestataires du régime se sont retrouvés à la fin des années 70 dans le mouvement des « Verts », constitué sur une base écologiste (protection des réserves forestières), mais qui ont rapidement donné leur appui aux « listes alternatives », dont le programme mettait en cause la société capitaliste sous sa forme la plus destructrice : la création des armes nucléaires et leur installation imposée par les Etats-Unis sur le sol allemand. Bien que les « Verts » soient fort loin d'être unis et que certains éléments conservateurs se refusent aux slogans neutralistes et pacifistes, ils sont soutenus par un puissant mouvement d'opinion, surtout dans la jeunesse. Ils ont dépassé la barre des 5 % aux élections de 1983. Le problème demeure pourtant posé de leur collaboration, sur le plan municipal et sur le plan national, avec la social-démocratie.

Les tensions au sein de la société allemande devaient se répercuter sur la coalition au pouvoir. Après que le Congrès social-démocrate de Munich (avril 1982), sous l'influence des forces de gauche, ait voté un programme inacceptable pour les libéraux, la rupture devint inévitable : suscité par l'aile droite du F. D. P. dirigé par le ministre des Affaires étrangères, Hans-Dietrich Genscher, un vote de défiance obligea Schmidt à démissionner et porta à la Chancellerie Helmut Kohl, président du C. D. U. (octobre 1982). Venant après un long conflit à l'intérieur de son propre parti avec Josef Strauss, qui souhaitait une orientation nettement anti-soviétique et conservatrice sur le plan intérieur, la victoire de Kohl aux élections de mars 1983 surprit par son ampleur, et elle eût été plus grande encore si nombre d'électeurs C. D. U. n'avaient voté pour le parti libéral afin qu'il puisse dépasser la barre des 5 %. Il n'est pas douteux que la victoire C. D. U.-F. D. P. traduisait l'inquiétude d'un électorat devant les transformations qui étaient en train de se produire en Allemagne. C'est cependant, plus que les faibles déplacements de voix entre les deux grands partis traditionnels, réduits à gommer leurs divergences, l'audience que recueille une protestation contre des formes de société de plus en plus pesantes et critiquables, c'est l'ampleur du changement mettant en cause les valeurs traditionnelles de la société allemande, qui est capitale pour l'avenir de la R. F. A.

II. — La République démocratique allemande

De même que la République fédérale, la République démocratique allemande est issue d'un partage du monde entre deux idéologies incompatibles. Bien que l'Union soviétique ait constamment affirmé son attachement aux directives de Potsdam et se soit prononcée pour la création d'un seul Etat démocratique allemand, elle n'a pas tardé à introduire dans sa zone d'occupation, où elle avait procédé sur une grande échelle à des démontages d'usines, les éléments d'une révolution quasi totale de la société, confisquant par une réforme agraire les biens des grands propriétaires fonciers et par une réforme industrielle les entreprises des suspects de nazisme. Sur le plan politique, elle autorisait la reconstitution de partis « antifascistes », mais en fait elle optait pour la création d'un parti unique, le parti socialiste unifié (S. E. D.), obtenu par la fusion du parti communiste de Wilhelm Pieck et du parti social-démocrate d'Otto Grotewohl (avril 1948) Bien que les élections dans les *Länder* n'aient donné à cette formation que 50 % des voix tout au plus (et même l'aient mise en minorité dans le Grand-Berlin), le S. E. D. s'est constitué sur le modèle soviétique, tout en laissant subsister des partis libéraux ou chrétiens, intégrés dans le « Front national », mais sans autonomie aucune. Tout en proclamant sans défaillance sa volonté d'œuvrer pour l'unité et en réunissant à cet effet des « Congrès du peuple allemand », la S. E. D. avait fait procéder par un *Volksrat* désigné par lui à la rédaction d'une constitution de la République démocratique, qui porta Pieck à sa présidence et Grotewohl à la direction du Conseil des Ministres (octobre 1949).

La vraie force motrice du régime est dorénavant, sur la base du centralisme démocratique, concentrée dans la S. E. D., dont le premier secrétaire général, Walter Ulbricht, entièrement dévoué à l'idéologie marxiste-léniniste, a pu éviter la déstalinisation et s'est maintenu au pouvoir jusqu'en 1971. Entouré d'un bureau politique, le secrétariat, qui assure les tâches quotidiennes, fait approuver ses décisions par un Congrès du Parti, qui se tient sans périodicité, et un Comité central (Z. K.), qui se réunit quatre fois par an. Quant aux organes étatiques, ils sont imbriqués dans ceux du Parti, de telle sorte qu'il y a le plus souvent cumul dans les fonctions dirigeantes. Ce n'est pas dans le cadre des instances gouvernementales que sont prises les décisions les plus importantes : l'Etat n'est donc que l'instrument de la S. E. D., et son efficacité est assurée par une extrême interpénétration des pouvoirs. Un très faible rôle est laissé à la Chambre du Peuple

(Volkskammer), élue au suffrage universel sur une liste unique établie par la S. E. D. après consultation des autres partis, de telle sorte que les élections ne sont qu'un plébiscite de l'action gouvernementale, dont l'empressement ne peut être testé que par le score électoral. Les fonctions gouvernementales sont exercées par le Conseil d'Etat, qui examine les projets de loi, et dont l'importance a été relevée par Ulbricht, qui en assura la présidence de 1960 jusqu'à sa mort en 1973, ainsi que par le Conseil des Ministres, qui a la charge de la planification et de la direction de l'économie.

C'est en effet sur le plan économique que la R. D. A. a dû faire le plus gros effort pour sortir d'une situation initialement catastrophique, qui lui était imposée par des structures naturelles défavorables (voies d'eau se terminant en R. F. A.), par la politique soviétique d'occupation, par l'absence de toute aide matérielle généreuse. Les principes d'une économie socialiste dirigée ayant été fixés avant 1949 et la « construction du socialisme » ayant été complétée par la « remise au peuple » des industries privées (devenues *Volkseigene Güte*, V. E. G.) et la création de coopératives agricoles de production (L. P. G.), les autorités mirent en route un certain nombre de plans, biennaux, quinquennaux et en 1959 un plan septennal : certes, des résultats furent obtenus dans l'augmentation de la productivité et l'intégration économique dans le bloc oriental, mais les conditions de rentabilité avaient été négligées et les exigences de productivité tendues à l'extrême. A l'occasion de l'établissement de nouvelles « normes » de travail, se produisit à Berlin, le 17 juin 1953, une véritable insurrection ouvrière, qui fut attribuée par le gouvernement à une « résistance souterraine fasciste organisée », mais qu'il fallut faire réprimer par les chars soviétiques. Le signe le plus grave du mécontentement fut le départ, au cours de quinze ans, de trois millions d'individus, appartenant surtout à l'*intelligentsia* ou aux anciennes classes dirigeantes, hostiles à l'élaboration d'un Etat socialiste. Le 13 août 1961, sur l'ordre d'Ulbricht, fut érigé à la limite de Berlin-Ouest, estimé être un centre d'espionnage et de sabotage permanent, un « mur », qui semble consacrer la division complète de l'Allemagne, mais qui, dans la pensée de ses constructeurs, devait arrêter une hémorragie mortelle et permettre de reconstituer une économie sur des bases plus saines. De fait, il fut mis en train en 1963 un « nouveau système économique », inspiré par le Soviétique Liebermann, dont le but était, dans une perspective à long terme, d'accorder aux entreprises une plus grande responsabilité, appelées à tenir davantage compte des principes de rentabilité et d'efficience, ainsi que de la loi de l'offre et de la demande. Les difficultés rencontrées par les unions exploitation nationalisées (V. V. B.) amenèrent pourtant à bref délai un retour à plus de centralisation ; et depuis 1970 l'économie est soumise à une hiérarchie de plans annuels, quinquennaux et à long terme, qui cherchent à résoudre les problèmes que pose l'élévation du niveau de vie de la population et le progrès scientifique et technique. Les difficultés se sont accrues depuis 1975, du fait de la hausse des prix des matières premières. L'économie de la R. F. A. est de plus en plus étroitement liée à sa place dans le Comecon et à ses relations avec l'Union soviétique, avec laquelle elle a signé en 1979 un traité de spécialisation et de coopération à long terme.

Le second problème qui a dominé la vie politique

de la R. D. A. est sa reconnaissance en tant qu'Etat souverain. Intégré depuis 1955 par le pacte de Varsovie dans une alliance défensive des pays socialistes sous commandement soviétique, liée par conséquent sans réserve au bloc des pays de l'Est, convaincue que la division de l'Allemagne en deux Etats souverains est irrévocable, la R. D. A. n'en a pas moins poursuivi une politique d'ouverture à l'Ouest, d'autant plus difficile à mener que l'Allemagne fédérale, qui prétendait être le seul représentant légitime du peuple allemand, refusait, en vertu de la « doctrine Hallstein » de nouer des relations diplomatiques avec des Etats qui en entretenaient avec l'Allemagne démocratique. Aggravée par la participation de troupes de la R. D. A. à la répression du printemps de Prague (1968), facilitée par contre par le remplacement d'Ulbricht par Erich Honeker à la tête du S. E. D. (1971), la reprise des relations entre les deux Etats allemands fut en fait due à l'initiative du Chancelier Brandt (cf. *supra*) et aboutit à l'acceptation de la R. D. A. de s'associer aux négociations des quatre grandes puissances sur le statut de Berlin et de régler avec sa voisine, en vertu du traité fondamental, les problèmes de circulation et d'échange (automne 1972). Cependant, en échangeant non des ambassadeurs, mais de simples plénipotentiaires, les deux Etats, qui reconnaissaient le partage de l'Allemagne *de jure*, se refusaient à le rendre irrévocable. Mais l'essentiel pour la R. D. A. était d'obtenir son entrée à l'Unesco et à l'O. U. N. U. (1973), ainsi que sa reconnaissance progressive par l'ensemble des Etats capitalistes, alors qu'elle n'entretenait jusqu'alors des relations diplomatiques qu'avec quelques Etats non alignés du Tiers Monde. Il n'en reste pas moins que sur le plan diplomatique, comme sur le plan économique, la R. D. A. reste étroitement liée à l'Union soviétique ; elle n'apparaît que comme un « brillant second », et d'ailleurs la présence sur le sol allemand de 20 divisions soviétiques lui retirerait toute volonté d'indépendance, si elle en avait. L'attitude résolue du gouvernement de réprimer toute manifestation « pacifiste », comme celles qui se sont déroulées avec le soutien du Conseil œcuménique des Eglises protestantes, attestent cet état de sujétion.

Comment les Allemands de l'Est réagissent-ils à l'évolution d'un Etat, qui a pris fortement conscience de son rôle et de sa mission historique, en tant que représentant du socialisme sur la terre allemande ? Il n'est pas douteux que l'absence de liberté politique soit douloureusement ressentie, état d'esprit dont témoigne le départ vers l'Ouest de plusieurs personnalités populaires, comme le chansonnier Biermann en 1976, mais qui trouve dans l'audition de la télévision occidentale un certain apaisement. Le fossé reste grand entre l'idéologie que l'on a voulu imposer et l'existence vécue ; et c'est bien plutôt la réactivation des comportements allemands traditionnels que la force de la pression idéologique qui permet aux dirigeants de la R. D. A. de faire accepter le système par leurs concitoyens. Il n'en reste pas moins qu'en présence de ce qu'on appelle le « second miracle économique » allemand il existe une certaine fierté d'appartenir à la R. D. A., passée au premier rang des Etats communistes. Si les différences de productivité et de consommation restent sensibles, l'on a le sentiment que l'augmentation constante du niveau de vie profite plus équitablement à tous les citoyens, qu'il y a plus de justice et d'équité sociale qu'en R. F. A., que la sécurité de l'emploi n'y est pas un vain mot. La plupart des citoyens de la R. D. A. se montrent assurément moins récalcitrants à s'identifier au régime communiste de leur Etat, qu'ils ne l'étaient trente ans plus tôt, lors de l'édification de cet Etat.

***

Si remarquable que soit la place des deux Etats allemands dans l'économie mondiale, il n'en reste pas moins que leur existence constitue pour la nation allemande une réalité désastreuse, sur laquelle il apparaît impossible de revenir. Il semble en effet que les Allemands aient accepté cette situation de fait, au point qu'un citoyen de Munich se sent sans doute plus à l'aise à Washington ou à Paris, qu'à Dresde ou à Rostock. Quelle que soit la portée de l'*Ostpolitik*, qui a rétabli entre les deux Etats des relations normales et a permis d'inestimables retrouvailles — l'anniversaire de la naissance de Luther a pu être célébré avec la même foi à Worms et à Wittenberg —, il n'en reste pas moins que les relations entre eux se placent sur le terrain du Droit international. Peut-on dans ces conditions parler encore d'une « nation » allemande ? Si la R. F. A. en admet encore le principe et estime que la normalisation est une étape vers la réunification, la R. D. A. se juge aujourd'hui comme un Etat « socialiste », la mention « allemand » tendant à disparaître peu à peu, les liens avec l'Allemagne bourgeoise apparaissant de plus en plus anachroniques. Mais le fait essentiel est que les conflits idéologiques ont été beaucoup plus forts que la conviction, réaffirmée sans conviction, de reconstituer l'unité. Peut-être que celle-ci, de formation récente et imposée d'en haut, n'a-t-elle pas mûri profondément au sein d'un peuple qui a vécu pendant des siècles sous le signe de la division et du particularisme. L'observateur impartial reste néanmoins confondu par le contraste entre les ambitions démentielles à diverses reprises exprimées, et l'abdication aujourd'hui assez universellement consentie devant le déchirement intérieur de la nation allemande.

BIBLIOGRAPHIE

(en langue française)

BIBLIOGRAPHIE GÉNÉRALE

L. Lévy-Bruhl, *L'Allemagne depuis Leibniz* (Hachette, 1890).
H. Lichtenberger, *L'Allemagne moderne. Son évolution* (Flammarion, 1907).
E. Vermeil, *L'Allemagne. Essai d'explication* (Gallimard, 1940).
J.-E. Spenlé, *La pensée allemande* (Colin, 1934 ; 6e éd., 1964).
P. Benaerts, *L'unité allemande* (Colin, 1939).
R. Minder, *Allemagne et Allemands*, I (Seuil, 1948).
P. Aycoberry, *L'unité allemande* (P. U. F., 1968).
H. Burgelin, *La société allemande (1871-1968)* (Arthaud, 1969).
F.-G. Dreyfus, *Histoire des Allemagnes* (Colin, 1970).
J. Berstein et P. Milza, *L'Allemagne (1870-1970)* (Masson, 1971).
J. Droz, en collaboration avec J. Bariety, P. Guillen et G. Castellan, *L'Allemagne*, 4 vol. (Hatier, 1970-1976).

BIBLIOGRAPHIE SPÉCIALE

H. Brunschwig, *La crise de l'Etat prussien à la fin du XVIIIe siècle et la genèse de la mentalité romantique* (P. U. F., 1947).
J. Droz, *L'Allemagne et la Révolution française* (P. U. F., 1949).
E. Cavaignac, *La formation de la Prusse contemporaine*, 2 vol. (Hachette, 1891-1897).
M. Dunan, *Napoléon et l'Allemagne. Le système continental et les débuts du royaume de Bavière* (Plon, 1942).
J. Droz, *Le romantisme politique en Allemagne* (Colin, 1963).
— *Le romantisme allemand et l'Etat. Résistance et collaboration dans l'Allemagne napoléonienne* (Payot, 1966).
P. Benaerts, *Les origines de la grande industrie allemande. Histoire du Zollverein (1833-1866)* (Turot, 1933).
P. Aycoberry, *Cologne entre Napoléon et Bismarck. Croissance d'une ville rhénane* (Aubier, 1981).
J. Droz, *Le libéralisme rhénan (1815-1848). Contribution à l'histoire du libéralisme allemand* (Sorlot, 1940).
— *Les Révolutions allemandes de 1848* (P. U. F., 1957).
J. Nurdin, *L'idée d'Europe dans la pensée allemande à l'époque bismarckienne* (Champion, 1978).
L. Gall, *Bismarck. Le révolutionnaire rouge* (Fayard, 1984).
E. Vermeil, *L'Allemagne contemporaine, sociale, politique, culturelle (1890-1950)*, 2 vol. (Aubier, 1952-1953).
M. Baumont, *La grosse industrie allemande et le charbon* (Douin, 1928).
J. Favrat, *La Pensée de Paul de Lagarde 1827-1891* (Champion, 1979).
C. Andler, *Collection de documents sur le pangermanisme* (Conarn, 1917).
P. Bertaux, *La vie quotidienne en Allemagne sous Guillaume II* (Hachette, 1972).

P. Guillen, *L'Allemagne et le Maroc de 1870 à 1905* (P. U. F., 1967).
G. Badia, *Rosa Luxemburg, journaliste et polémiste révolutionnaire* (Ed. Sociales, 1975).
P. Poidevin, *Les relations économiques et financières entre la France et l'Allemagne de 1898 à 1914* (Colin, 1967).
A. Palmer, *Le Kaiser Guillaume II* (Tallandier, 1978).
F. Fischer, *Les buts de guerre de l'Allemagne impériale (1914-1918)* (Trévise, 1970).
R. Thalmann, *Protestantisme et nationalisme en Allemagne de 1900 à 1945* (Klinksieck, 1976).
G. Castellan, *La République de Weimar* (Colin, 1969).
E. Vermeil, *La Constitution de Weimar et le principe de la démocratie allemande* (Istra, 1923).
J. Benoit-Méchin, *Histoire de l'armée allemande depuis l'armistice*, 2 vol. (Michel, 1964).
R. Poidevin, *L'Allemagne de Guillaume II à Hindenburg* (Richelieu, 1972).
G. Castellan, *Le réarmement clandestin de l'Allemagne 1930-1935* (Plon, 1954).
L. Dupeux, *Stratégie communiste et dynamique conservatrice. Essai sur les différents sens de l'expression « National-bolchévisme » en Allemagne sous la République de Weimar 1919-1933* (Champion, 1976).
J. Bariety, *Les Relations franco-allemandes après la première guerre mondiale* (Pedone, 1977).
E. Vermeil, *Doctrinaires de la Révolution allemande* (Sorlot, 1938).
C. David, *L'Allemagne de Hitler* (P. U. F., 1954).
M. G. Steinert, *Hitler et l'Allemagne nazie 1933-1946* (Richelieu, 1972).
G. Badia, *Histoire de l'Allemagne contemporaine*, 2 vol. (Ed. Sociales, 1962).
W. L. Schirer, *Le Troisième Reich. Des origines à la chute*, 2 vol. (Stock, 1961).
J. Fest, *Hitler*, 2 vol. (Gallimard, 1977).
C. Bettelheim, *L'économie allemande sous le nazisme*, 2 vol. (Maspero, 1971).
O. Wormser-Migot, *Le Système concentrationnaire nazi* (P. U. F., 1962).
E. Jaekel, *La France dans l'Europe de Hitler* (Fayard, 1968).
H. Hoehne, *Canaris* (Balland, 1979).
M. Baumont, *La Grande conjuration contre Hitler* (Fayard, 1953).
P. Hoffmann, *La résistance allemande contre Hitler* (Baland, 1984).
R. Kogon, *L'Etat S. S.* (Seuil, 1969).
G. Castellan, *La République démocratique allemande* (P. U. F., 1961).
K. Sontheimer et W. Bleek, *La République démocratique allemande* (Colin, 1975).
E. Grosser, *La démocratie de Bonn* (Colin, 1958).
— *La République fédérale allemande* (P. U. F., 1967).
H. Ménudier, *L'Allemagne selon Willy Brandt* (Stock, 1976).
A. Grosser et H. Ménudier, *La vie politique en Allemagne fédérale* (Colin, 1978).
J. Rovan, *L'Allemagne du changement* (Calmann-Levy, 1983).
G. Sandoz, *La Gauche allemande* (Julliard, 1970).
G. Estievenart, *Les partis politiques dans l'Allemagne fédérale* (P. U. F., 1973).
J. Rovan, *Histoire de la social-démocratie allemande* (Seuil, 1979).

TABLE DES MATIÈRES

Imprimé en France
Imprimerie des Presses Universitaires de France
73, avenue Ronsard, 41100 Vendôme
Juillet 1988 — N° 33 695